KB261276

아름다운 인재혁명

펴낸날 | 2006년 9월 1일

저자 | 정부효
펴낸이 | 이금석
펴낸곳 | 도서출판 무한
등록일 | 1993년 4월 2일
등록번호 | 제3-468호
주소 | 서울 마포구 서교동 469-19
전화 | 02.322.6144
팩스 | 02.325.6143
홈페이지 | www.muhan-book.co.kr
e-mail | muhan7@muhan-book.co.kr
값 | 12,000원
ISBN | 89-5601-150-8(13320)
잘못된 책은 바꿔드립니다.

맨 파워와 우먼 파워 두 가지 다 소유한 양성형 인재

아름다운 인재혁명

지음 | 정 부 효

무한

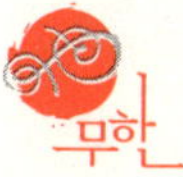

"권력이 남성성에서 양성성으로 이동하고 있다"

오늘날 양성형 인재의 파워를 대변하는 말이다.

인터넷을 비롯한 멀티네트워크의 활발한 확장은 성공하는 인재의 상까지 바꾸어 놓고 있다.

바로 양성형 인재의 도약이다.

불과 얼마전만 하더라도 사회 중요한 부분은 남성들이 독점했다.

오랜 냉전대치와 전통적 유교사상 그리고 군사안보논리는 여성의 사회활동에 호의적이지 않았기 때문이다.

그러나 민주화 운동이후 여권운동이 세차게 불고 크고 작은 몇 번의 선거를 거치면서 사회의 큰 변화를 몰고 왔고 우리의 사는 모습까지도 바꿔 놓고 있다.

처음에는 양적인 측면에서 양성평등의 목표점을 향해 달려갔지만 이젠 질적으로 여성상위시대로 급속히 진행되고 있는 것이다.

미래학자 엘빈 토플러는 1991년 우리나라에 출간된 「권력이동」에서 권력의 세 가지 원천을 폭력, 부, 지식으로 규정하고 이 중 지식을 고품질 권력으로 보았다.

하지만 15년이 지난 오늘날에 고품격 권력은 토플러가 말한 지식에 '양성성' 을 추가해야 할 정도로 사회변화의 중심이자 핵이다.

권력의 중심이 남성성에서 양성성으로 옮겨가고 있는 것이다.

양성형 사회에서는 그동안 두각을 나타내기 어렵던 여성들이 남성성을 적극 활용함으로써 금녀구역이 도전받거나 야금야금 여성들에게 자리를 내어준다.

또한 남성들은 그동안 억눌려 놓았던 여성성을 끄집어내어 여성적 눈높이에 맞춘 양성형 남성으로 진화해 나간다.

이러한 양성성 우위변화 현상은 우리나라뿐만이 아니라 세계적인 현상이라는 데 주목하고 있다.

양성성을 많이 보유한 기업가나 정치인들이 세계 주류무대에 화려하게 등장하여 이젠 세계흐름을 변화시키고 있는 것이다.

국가경영이나 기업경영에서도 마찬가지다.

경직된 정부기관은 친근한 이미지로 탈바꿈하고 있고, 기업은 양성형 조직으로, 개인은 멀티 섹슈얼로 변화한다.

특히 양성형 인재에서 여성성의 강점을 가진 여성들은 단순히 노동자에 머물지 않고 소비자, 기업가, 경영자, 투자가로서도 매우 강력한 역할을 수행하고 있다.

일례로 새로운 경영가치로 부각되고 있는 감성경영, 유머경영, 윤리경영, 나눔 경영 등은 모두 감성과 베품이 강조되는 여성성이자 기업경영에서도 중심 가치로 인정받고 있다.

흔히 '19세기는 모험과 천재의 시대요, 20세기는 노력과 조직가의 시대라면, 21세기는 개성과 브랜드의 시대다' 라고 말하듯 개성과 브랜드의 시대는 남성성과 여성성의 장점을 혼합한 멀티인재인 양성형 인재가 중심으로 부각될 것이다.

인식의 차이는 전략의 차이를 가져온다고 했다. 우리사회에 불고 있는 '강한 자가 살아남는 것이 아니라 부드러운 자가 살아남는다.' 라는 남풍(男風)쇼크와 여풍(女風)쇼크의 진원지인 양성형 인재를 이해한다는 것은 국가운영, 기업경영, 개인브랜드 가치 구축 등의 전략을 짤 때 큰 차이를 가져올 수 있다.

양성형 인재, 그들이 새로운 인재의 핵으로 떠오르고 있다.

■ Contents

1부. 양성형 인재, 그들이 온다

인재그이상의인재그들만의세상이온다

아름다운인재혁명

Chapter 7. 세상의 수레바퀴를 끄는 힘, 양성형 인재
양성인자를 소유하지 못한 인재는 결국, 아웃당한다

1부.

양성형 인재, 그들이 온다

Chapter 1. 새로운 인재 패러다임을 보여주는 6가지 법칙

인재를 얻기 위해서는 그 어떤 것도 불사하지 않는다

백지수표도
아깝지 않다 (거액불사)

연예기획사에서나 있을 법한 과감한 발탁과 고액 출연료가 일반 샐러리맨까지 확산되고 있다.

연예직종은 인기가 바로 생명이어서 나이에 상관하지 않고 인기도에 따라 등급이 매겨지고 출연료가 정해진다. 활동경력이 얼마나 되는가는 중요한 잣대가 아니다.

스타 연예인은 시청률 제조기나 다름없다. 방송사의 입장에선 시청률이 곧 광고수주에 직결되기 때문에 거액을 쏟아 넣더라도 비중있는 스타를 발굴하거나 키우는 데 공을 들인다.

글로벌 경쟁 구도에 접어들면서 특이한 점은 보통 CEO 위주로 이루어졌던 거액의 스카웃이 이젠 임원이나 일반 샐러리맨까지도 그 대상으로 삼고 있다는 점이다.

우리나라 글로벌 기업의 경우 회사에서 꼭 필요한 인재라고 판단하면 돈을 아끼지 않는 것으로 알려져 있다.

중견 대기업 그룹의 한 임원은 "법조계 출신의 한 인사 영입을 두고 우리와 경쟁을 벌였는데, 더 큰 기업에서 수십억 원을 제시한 것을 알고 손을 들었다."라는 인터뷰 기사도 있었다.

경제부처의 한 간부는 "오랫동안 대기업 정책을 펴던 관료가 어느 날 갑자기 민간인으로 변신해 관(官)의 논리를 반박하면 정책입안자로서는 무력감을 느끼기 쉽다."고 말한 것을 보면 안다.

'인재 빼가기' 또는 '우수인재 독점'이라는 비판도 있지만 유능한 인재에게 상응하는 보상을 통하여 영입하는 경우 조직의 활력이나 인재확보 경쟁을 위해서는 다르게 볼 수도 있을 것이다.

검찰, 법관, 경제계 고위관리가 대기업의 거액 제의 유혹을 뿌리치기 어려운 것은 능력과 실력에 맞는 대우를 받을 수 있기 때문이다. 몸값에 따라 움직이는 인력시장의 일반적인 속성상 우수인재는 몸값을 흥정하면서 조건이 맞으면 영입된다.

70년대의 경우 해외에 거주하는 우수한 한국인 과학기술자를 영입하기 위해 국가적인 차원에서 많은 공을 들여 영입했다. 당시에는 조국에 대한 충성심도 한몫 했다. 조국이 부른다면 달려왔다. 그러나 지금은 충성심만으로 모셔 오기는 어렵다. 조건이 맞아야 마음과 몸이 움직인다.

공직에서도 대통령보다 직급은 낮지만 연봉이 더 많은 공무원이 있다. 국장을 개방직화 하면서 고정급에 비해 성과급 비중이 높아짐에 따라 생겨난 새로운 풍조다.

역으로 삼성, LG, SK 등 대기업 출신의 몸값도 높아 타 대기업이나 중소기업에서 이들 출신을 높은 연봉을 주고 스카웃하기도 한다.

몸값에 민감한 직종 중 둘째가라면 서러워할 만큼 치열한 분야가 바로 스포츠계다.

러시아 석유재벌 아브라모비치가 잉글랜드 프리미어리그 첼시를 인수한 후 2년여 동안 선수영입에만 무려 4천 927억원을 쏟아 부은 예도 있다. 세계 축구계의 스타들을 막대한 재력을 동원하여 영입하였고 첼시를 프리미어리그 정상에 올려놓았다.

대학가에서도 마찬가지다. 연세대, 성균관대, 건국대, 이화여대 등 이른바 돈있는 대학들이 우수한 스타급 교수를 영입하기 위해 총장보다 많은 억대 연봉을 제시한다.

스타급교수의 인지도와 네트워크를 통해 대학경쟁력을 높여 우수한 신입생을 유치하면서 외부 연구비도 더 수주할 수 있다는 판단에서다. 일부 대학에서는 석좌교수제도를 도입하여 스타교수를 영입하고 있다.

국내 펀드업계도 마찬가지다. 유능한 최고경영자를 영입하기 위해 자산운영사의 스카웃 열풍이 뜨겁다. 외형적으로 막대한 자금을 움직여야 하는 특성상 '마이다스 손 모시기' 경쟁이 치열할 수밖에 없다.

졸업장은 종이에
불과하다 (학력불사)

학교공부가 중요한 것인가? 아니면 하고 싶은 일을 하는 것이 중요한 것인가?

논란이 있긴 하지만, 세계적으로 성공한 사람들 중엔 학교보다 자신이 원하는 분야에 빠져 중도에 학교를 그만두게 된 유명인사가 많다.

빌 게이츠 MS 회장, 마이클 델 회장, 오라클의 앤더슨 회장은 모두 중퇴자 출신이다. 에디슨은 12살에 철도회사 급사로 시작했고, 포드 회장도 16살에 기계 작업소 작업장에서 시작했다.

이들은 학력이 아니라 도전적이고 창의적인 노력으로 성공하였다. 세계가 IT화 되면서부터 혜성처럼 등장한 이들 재벌들의 성공기는 국내 기업들의 인사채용에도 적잖은 영향을 끼쳤다.

정부투자기관을 포함한 공기업은 정부방침에 의해 학력제한을 폐지했다. 대신 지방대 할당제, 장애인우대 채용제, 블라인드 면접을 실시한다.

기업의 내부 승진인사도 마찬가지다. 현대건설은 회사설립 이래 처음으로 고졸출신 간부를 임원으로 승진시켰다.

확실한 전문성과 능력만 있으면 학력은 걸림돌이나 장애물이 되지 않는다.

'학력파괴' 하면 역시 스포츠 분야를 빼놓을 수 없다. 축구선수들은 통상적으로 중·고 축구와 대학축구를 거쳐 프로 또는 실업축구로 올라가는 것이 순서였다. 그러나 수년 전부터는 중·고교를 마치고 바로 프로무대에 뛰어드는 현상이 불고 있다.

이동국과 고종수가 주도한 1990년대 후반 프로축구의 학력파괴 바람은 현재 청소년대표팀과 올림픽대표팀에도 큰 영향을 끼쳤다. 그래서 과거 고교나 대학선수를 주축으로 구성된 대표팀이 이제는 대부분 프로선수들로 주축을 이룬다.

대학축구로 가지 않고 프로축구로 바로 갈 경우 대학축구가 위축될 우려도 있으나, 프로입단은 최고수준의 지도자로부터의 기량향상과 훈련의 질이 높아 긍정적인 영향을 미친다.

대한민국을 대표하는 국민타자인 이승엽도 마찬가지다. 지금은 일본 프로구단에서 선수생활을 하고 있지만, 그는 프로구단에 입단하기 위해 대입수능시험에서 일부러 낙방하여 대학졸업장을 원하던 가족이나 이승엽을 탐내던 대학관계자의 꿈을 원천적으로 봉쇄하였다.

서울힐튼 호텔 조리이사는 당시 38세에 고졸출신이 임원의 반열에 올랐다고 하여 스포트라이트를 받았었다.

다들 학력에 연연하지 않고 자기 분야에 대한 긍지와 철저한 프로의식으로 무장하여 성공한 사람들이다.

21세기 정보지식화 시대의 인재란 명문대학 졸업자나 박사학위 소유자가 아니다. 창조적 능력을 발휘할 수 있어야 진정한 의미의 인재라고 말할 수 있다.

물론, 인사담당자가 명문대를 선호하는 이유도 나름대로 있다. 첫째는 일 배우는 속도가 빠르다는 것이고, 둘째는 명문출신을 뽑을 경우 근무할 부서에서 욕을 덜 들어먹는다는 것이다.

그러나 학력에 의한 채용방식은 부작용이 많다. 우리나라의 기업은 신입사원을 교육하는 데 평균 20개월이며 1인당 교육비로 6,000만원 정도가 든다. 대기업의 경우는 이보더 더 심해 30개월의 교육기간에다 1인당 1억원의 교육비가 투입된다. 그렇지만 애써 공들여 놓은 신입사원의 약 30% 정도는 2년 이내에 직장을 떠난다.

엘리트 코스를 밟아온 인재유형은 한번 실패하면 그 실패를 극복하는 데 큰 어려움을 느끼며, 더 좋은 조건을 제의 받았을 경우 쉽게 이직할 확률이 높다는 점이 학력중심 채용방식의 약점이다. 소위 엘리트라 불리는 신입사원을 다소 꺼리는 분위기가 형성되는 것도 이런 부분 때문이다.

그래서 최근에는 국내 대기업들은 학벌 제한을 두지 않는 '열린 채용' 방식을 도입함으로써 명문대를 졸업하지 않았지만 잠재적 가능성을 보유하고 있는 숨은 인재들을 채용하기 시작했다.

기업들은 온실 속 화초처럼 곱게 자란 이른바 '난초형 인재'보다 비바람을 견뎌낸 '잡초형 인재'를 선호하고 있다는 것이다.

삼성서울병원의 경우를 보면 학력이 좋아도 봉사활동 경력이 없는 의사는 채용하지 않는 방안을 추진할 계획임을 내비쳤다. 인간의 생명을 다루는 의사에게는 학벌보다 생명윤리가 더 중요하기 때문이다.

공무원 시험에도 응시원서란에 학력란을 2005년부터 아예 없애 버렸다. 어느 학교를 졸업했느냐가 채용의 조건이 아니라, 능력과 실력이 더 중요하기 때문에 혹시 있을지 모를 학력에 대한 편견을 없애기 위해서다.

20대 사장
50대 신입 (연령불사)

'나이는 숫자에 불과하다.'

어느 기업의 광고카피로 세간의 주목을 끌었던 문구다. 나이보다는 능력이 우선임을 말해주는 단적인 표현이다.

비교적 규모가 큰 대기업의 경우 연령파괴는 가속화되고 있다. 40대 임원이 보편화 되었고, 한걸음 더 나아가 30대 임원까지 탄생하고 있다.

국가간 또는 다국적 기업간의 경쟁이 치열하다보니 생존전략 차원에서 연령이 낮아지고 있는 것이다.

2005년도를 보면 삼성그룹에서 상무보로 승진한 236명의 평균 연령은 44살 7개월, 평균 근속연수는 19년이다. 효성그룹을 보면 임원의 평균나이가 45살 5개월이다.

　은행들도 마찬가지다. 부행장 인사에서 40대가 두각을 나타내고 조직의 중추세력인 본부 부서장인사에서도 어김없이 연령파괴가 키워드로 작용하고 있다.

　나이를 고려하지 않는다고 기업들은 외치지만 나이가 많은 직원은 은근히 변방으로 배치하는 등의 방법으로 명퇴를 유도한다.

　2005년도에 은행 가운데서는 처음으로 외환은행이 학력이나 나이와 관계없이 신입직원을 공개채용하였는데 경쟁률이 140:1을 기록했다. 고졸자, 국내외 석박사 출신, 전업주부 등 다양한 분야의 사람들이 응모했다.

　합격한 인재들을 보면 전체적으로는 20대 중후반의 싱싱한 대졸자들이 다수를 차지했지만 대졸 미만, 30대 이상, 전업주부와 같이 과거 같으면 입사지원조차 불가능했던 사람들의 25%가 취업에 당당히 성공했다.

　공직도 마찬가지다. 중앙부처 과장급에 불과한 40대 군수 출신이 행정자치부장관에 발탁되고, 40대 여성변호사가 법무부장관에 기용된 바 있다. 공직사회를 떠받쳐 온 연공서열식 인사관행에 비하면 가히 혁신이라 할 만하다.

　이와 함께 나이와는 무관하지만 비제도권의 제도권 진입도 그 사례를 찾아 볼 수 있다. 대안학교 교장이나 민주노총 부의장 출신이 장관후보에 오르고 시민운동 경력자가 제도권 공직자의 인사추천을 맡은 예가 바로 그것이다.

고시 출신의 경우 과거에는 자리를 지키다보면 장관까지도 바라볼 수 있었지만 요즘은 장관직에 오르는 것 자체가 어렵게 되었고, 한껏 노력해야 차관에 오르는 정도다.

50대 기업의 임원 중 최연소 임원은 국내 최대의 이동통신회사에 근무한다. 한국과학기술원(KAIST)을 거쳐 미국 매사추세츠공대(MIT) 최연소 박사학위를 받은 그녀는 2003년 28세의 나이에 임원으로 스카웃됐으며 현재 SK텔레콤의 CI사업본부를 이끌고 있다.

대기업 오너의 친인척인 경우에도 연령 역시 낮다. 조현범 한국타이어 상무와 정의선 기아·현대차 사장, 이해욱 대림산업 전무, 임우재 삼성전기 상무보 등은 모두 30대이다.

차석용 LG생활건강 사장은 연세대 경영대생을 대상으로 한 특강 도중 학생들로부터 한국과 외국 기업의 차이가 뭐냐는 질문을 받고 '우리 기업은 젊은 인재를 사장시키는 구조'라며 이같이 비판했다. "사람이 창의적인 능력을 최고조로 발휘하는 연령대는 20~30대입니다. 하지만 많은 한국 기업에서는 머리가 오징어처럼 말라 비틀어진 부장·임원 밑에서 20~30대 인재들이 대리·과장으로 10년씩 썩는 구조이지요. 오전 내내 일장연설식 회의를 하고는 점심 먹으러 나가 오후 2시가 넘어 들어와 대충 보고받고 오후 4시가 돼야 업무 지시를 내리는 중간 관리자들이 부지기수입니다. 결국 신입사원은 오후 4시부터 야근 준비를 해야 하지요."라고 답변한 것을 보면 많은 생각을 하게 된다.

근무연차가 높다고 야구에서 4번타자 자리를 주지 않는 것과 같이 연공이 높다고 서열이 높은 시대는 지나가고 있다.

30대 과장급의
실력 쌓기

- 현업에 충실하라. 자신의 경력을 통해 쌓인 노하우가 전문성을 증명할 수 있는 최고의 자산이기 때문.

- 희소성 있는 자격증을 획득하라. 자격증은 이직이나 승진의 결정적 요소는 아니지만 분명한 플러스 요인.

- 대학원이나 교육기관의 교육과정을 수학하고 사내교육에 충실하라. 직무에 대한 트랜드와 전문지식을 쌓기 위해 대학원이나 전문 교육기관에서 교육을 받는 것이 효과적.

- 정기적으로 경제 주간지 및 관련업계 정보지를 살펴라. 한가지만 접하는 것보다 일주일 단위로 2~3개를 보고 비교하면 주요한 뉴스가 겹치는 것을 보며 이슈를 보다 확실하게 파악.

- 사내외 커뮤니티에 참여하라. 사내 커뮤니티는 다른 부서에 대한 노하우를 전수받을 수 있는 기회.

- 어떤 분야에 있든 마케팅 지식을 갖춰라. 비즈니스를 하는 사람은 어떤 분야, 어떤 업무를 막론하고 소비자, 즉 고객을 만족시켜야 성공할 수 있음. 이런 의미에서 마케팅적 마인드

를 갖추기 위한 기초적인 마케팅 지식은 누구나 알아둬야 할 필수 사항. 더불어 이런 마케

팅적 마인드로 자신의 장점을 적절하게 마케팅한다면 자신의 경쟁력을 한층 높이고 직장

수명도 늘릴 수 있을 것임.

– HR 코리아 최효진 대표, 다이나믹 시커에서

기업에 필요한 것은 국적이 아니라 인재다(국적불사)

국적을 초월한 인재기용의 성공사례를 보여준 극적인 예가 바로 우리가 너무도 잘 알고 있는 히딩크 감독이다.

2002년 월드컵 4강신화를 일구어낸 그는 대한민국을 세계에 알린 홍보대사이자 국민적 영웅이었다.

그는 대한민국에 축구 붐을 일으킨 인재중의 인재였다. 월드컵이 지난 후에도 그의 리더십중 가장 눈길을 끄는 것은 선·후배 선수 간에 이름을 부를 수 있도록 한 것이었다. 축구처럼 움직임이 빠른 경기에서는 스피드와 체력이 관건이다.

히딩크는 팀 전체의 빠른 패스와 조직력이 경기의 승패를 가늠하는 결정요소로 인식했고, 이 두 가지 능력을 극대화시키기 위해 선수

선발에서부터 훈련방법 등 세세한 부분까지 개혁을 통해 선수단을 운영했다. 눈앞의 성과에 흔들리지 않고 끝까지 최선을 다하면서 그 누구도 상상할 수 없었던 16강, 8강, 4강의 꿈을 이루었다.

히딩크의 선수선발에 대한 철학은 기업의 인재관에 많은 부분 영향을 주었으며, 이로 인해 우리는 글로벌한 인재관이 왜 필요한가를 절실히 실감했다. 외국인 감독이기 때문에 학맥·인맥·외풍에 영향 받지 않고 실력위주로 선수를 선발하였고, 이 때문에 선수들은 더욱 열심히 뛰었다. 아무리 강한 기업, 부강한 국가를 부르짖지만 꿈만 먹고는 되지 않는다.

국가와 민족을 초월한 우수한 인재의 등용이 글로벌 시대에 살아남을 수 있는 비법임을 피부로 느낀 것이다. 유수의 기업들이 국적을 가리지 않고 인재를 등용하려는 이유도 바로 여기에 있다.

삼성의 경우 '한 명의 천재가 10만 명, 20만 명을 먹여 살리게 될 것'이라며, 국적과 관계없이 우수한 인재를 전 세계를 누비며 확보할 것을 수차 주문하고 있는 이건희 회장의 발언에서 이러한 현상을 엿볼 수 있다. 실제로도 인터넷, 정보기술(IT) 인력을 중심으로 러시아, 중국, 인도 등 능력만 있다면 국적에 관계없이 국내외에 채용하는 사례가 해마다 늘고 있다.

삼성전자의 경우 2002년 처음으로 국내에 근무하는 60여 명의 외국인 중 데이빗 스틸 미래전략그룹 내 해외전략 고문을 본사 임원인 상무보로 승진 발령했다.

외국인 중에서는 첫 정규직 임원이 된 것이다.

과거 같으면 외국인에게 임원자리를 내주면 기업정보나 기술을 빼돌리거나 충성심 약화를 우려하여 망설였다. 그러나 지금은 다르다.

앞으로 글로벌기업, 다국적 기업으로 한 단계 올라서기 위해서는 능력있는 외국인들에게 더 많은 직책을 맡겨야만 경쟁력이 더욱 강화될 것이다. 이건희 회장은 '경영자는 인재에 대한 욕심이 있어야 하며, 우수인재를 확보하고 양성하는 것이 경영자의 기본 책무' 라고 지적하고 핵심인재 확보를 위해서 사장단이 직접 뛰어야 함을 기회 있을 때마다 말한 바 있다.

삼성은 세계 각국 우수인재를 확보하기 위해 국적불문의 채용, 핵심인력의 글로벌 역량 강화, 재능있고 끼 있는 인재 조기 양성 프로그램 제공 등을 중장기 인재전략의 3대 과제로 설정하고 이를 추진해 오고 있는 것으로 알려져 있다.

선진기업의 경우 글로벌 경영을 위해서 국적을 초월하여 능력있는 CEO를 영입하는 현상이 보편화 되고 있다.

네덜란드 국적인 필립스는 이사회 멤버 14명 중 자국인은 5명에 불과하며, 코카콜라, 켈로그, 굿이어 등은 다국적 최고경영자팀(TMT)를 구성하고 있다.

과거 파산 직전에 몰렸던 닛산자동차는 브라질 태생으로 프랑스에서 교육을 받은 카를로스 곤을 영입하여 공장폐쇄, 인원감축 등 강도 높은 구조조정을 단행하여 기사회생한 적이 있다.

스위스 국적인 네슬레는 최고 경영진 9명 중에 스위스 국적인은 한 명도 없는 것으로 알려져 있다.

세계적인 투자은행인 미국의 JP 모건체이스도 나라를 불문하고, 우수한 해외인재를 많이 유치하는 기업으로 유명하다.

자국의 애국주의를 바탕으로 한 순혈주의를 버리고, 국적을 넘어 인재를 찾고 있는 것이다.

하지만, 국적불문하고 인재를 과감히 채용하는 데에는 걸림돌이 있다. 바로 이중국적 문제이다.

이중국적을 분명하게 허용하는 국가는 이스라엘, 대만, 인도, 영국, 캐나다와 같은 나라다. 이스라엘은 세계각지의 유대인으로, 대만은 전 세계 화교 확보 때문에 이중국적을 허용하고 있다. 또한, 영국은 과거 식민지통치 과정에서 외국으로 나간 본국인들을 위해, 인도는 빠져나간 인재의 재투자 유치를 위해 이를 허용하고 있다.

이중국적에 관한 세계적인 추세는 '개방'이다. 국가 이익을 위해서라면 국적을 불문한다는 취지다.

〈로마인 이야기〉를 쓴 일본 작가 시오노 나나미의 "아테네인만을 고집했던 아테네와 달리 로마에 거주하는 사람들은 누구든 로마인이 될 수 있도록 한 개방적 국적제도가 작은 로마를 큰 로마제국으로 발전시킨 원동력이었다."는 지적에 귀 기울일 필요가 있다.

머리가 좋은 그리스인, 체력이 우수한 게르만인, 장사를 잘 하는 카르타고인을 제치고 내세울 것 없는 로마인이 세계를 제패한 것은 바로 이러한 개방과 포용정신 때문이다.

공채의 특권은 가고
특채가 뜬다 (개방불사)

스포츠에서 대타는 역전의 찬스를 맞이한 경우에 교체멤버로 들어와서 위기에 빠진 팀을 구하는 역할을 한다.

기업에서는 특채제도를 통해 영입한 인재가 이와 유사한 사례에 해당된다. 두 가지 경우 모두 '밖에서 들어와서 큰 일을 해내는 사람'들이다.

우리가 흔히 알고 있는 보통의 채용형태는 2가지다. 젊은 인력을 신입사원으로 채용하는 경우와 일정기간 동안 전문적인 경력이 쌓인 사람을 특채 또는 경력직으로 채용하는 경우다.

그러나 그동안 일반공채 인력보다는 특채인력이 큰 일을 내는 경우가 많았다.

삼성전자의 예를 들면 임원 가운데 3명 중 1명은 외부에서 수혈된 특채출신 인사들이다. 진대제, 황창규, 권오현, 임형규, 박상근 등 그동안 거쳐간 스타급 사장이나 임원들도 공채출신이 아니라 특채출신이다. 그중에서도 정보통신부 장관을 지낸 진대제 전 사장은 미국 스탠포드 대학 박사 출신으로 IBM 연구원으로 근무하다 1985년 스카웃되어 16메가 D램을 세계 최초로 개발한 주역이 되었다.

황창규 사장은 미국 매사츄세츠 대학 박사 출신인데 스탠포드 연구원과 인텔 자문으로 있다가 1989년에 스카웃되어 1994년에 256메가 D램을 세계 최초로 개발하였다.

CEO를 외부에서 영입해 오는 이유는 역사에서 국가나 기업, 개인의 흥망성쇠는 세상의 빠른 변화와 큰 흐름에 얼마나 빨리 합류하거나 앞서 나가느냐에 달려있다는 것을 너무도 잘 알기 때문이다.

즉 똑똑한 내부 인재가 있다 할지라도 과거처럼 키워서 활용할 수 있는 시간적인 여유가 없기때문에 특채를 통해 수혈한다.

개인의 입장에선 자기 브랜드의 가치에 따라 개개인의 몸값이 매겨져 합당한 대우를 받을 수 있는 반면 기업의 입장에서는 널려있는 내부의 인재보다는 외부 특채를 통해 업그레이드된 경쟁력을 확보하는 잇점이 있다.

국정운영을 맡고 있는 장관들도 큰 사건이나 물의를 일으키면 곧바로 교체를 통해 인적쇄신부터 꾀했다. 경제성장률이 낮으면 경제수장을, 국가적인 대형사건 사고시에는 국무총리도 경질했다. 과감한 인적쇄신을 통해 통치권을 보호하고 조기 안정을 회복시키기 위해서다.

국가경영자는 실패가 있어서는 안된다. 그렇기 때문에 조직운영 경험이 풍부하고 다양한 식견과 조정력을 갖춘 검증된 인사가 장관이 되고 국무총리와 같은 고위직을 맡아야 한다. 바람이 불어올 때 더위를 식혀주는 산바람인지 태풍을 몰고 오는 바람인지 구별할 줄 알아야 할 정도의 안목을 지녀야 한다.

기업의 경우는 외부의 인재를 영입하여 위기를 벗어나거나 더 많은 성장을 추구한다.

천재는 천재만이 알아본다는 말이 있다. 둔재가 숨어있는 유능한 천재를 올바로 가려내기는 비교적 어렵다. 그 분야의 최고 경영자가 핵심인재를 발벗고 영입하는 이유이기도 하다.

대기업의 최고경영자(CEO)들은 연말이면 외부 핵심인재들을 얼마나 영입했으며, 또 그 인재들이 조직내에서 얼만큼 적응하느냐에 따라서 평가를 받는다.

인사고과에서 대략 30% 비중을 차지할 만큼 중요시한다. 만약 우수한 인재를 스카웃하지 못했거나 영입된 인재가 조직에 적응하지 못하고 1년도 안되어 이직한다면 해당 CEO는 인사고과에서 불이익을 감수해야 된다.

기업에서의 순혈주의나 혈통주의는 더 이상 발을 붙이기 어렵다. 공채 몇기생, 몇 년도 공채라는 식으로 우의를 다지며 세력을 형성하던 시대는 이미 지났다는 의미이다. 다양성을 추구하고 기대할 수 있는 혼혈주의만이 살 길이다.

이에 따라 외부에서 스카웃된 사람이 어느날 갑자기 상사로 내려오는 일들이 종종 발생하기도 한다. 내부승진이 아닌 특채출신이 수시로 들어오는 마당에 공채기수의 의미는 점점 퇴색해갈 수 밖에 없는 것이다.

소니의 연간 상시채용의 방식은 경력직과 신입사원의 비율이 절반씩이다. 변화가 빠른 시대에 적응키 위해서다. 다른 회사에 비해 경력비율도 높다. 신입사원은 수시로 뽑아 인재확보경쟁에 탄력적으로 대응하고 있다.

그러나 교육현장은 어떤가?

최근 들어 학교장 임용에 대해 변화가 일어나고 있다. 대학의 부속 고등학교나 자립형 사립고 그리고 특수목적고의 교장인 경우 대학총장이나 부총장, 기업CEO 출신들이 취임하기도 한다.

불과 얼마전만 하더라도 상상할 수 없는 일이다.

미국의 경우 오래전부터 초·중·고 교장 공모제가 시행되고 있다. 그래서 상당수 교장이 공모제로 채용된 계약직 교장들이다. 개인의 성과나 조직의 생산성을 중시하고 평가와 인센티브를 사회변혁의 주요수단으로 삼고 있어 가능한 일이다.

또 미국의 일부대학에서는 자기대학 출신은 교수로 영입하지 않는다고 한다. 철저히 순혈주의를 배격하고 있는 것이다. 다른 대학에서 공부한 교수들 간에 경쟁하니 교수와 강의의 질이 높아질 수밖에 없다.

한편 개방형 인재를 스카웃 해올 때는 기업의 전략과 경쟁상황을 충분히 파악한 후 시작해야 한다.

동종업종에서 최고의 인재를 모셔온들 어떻게 활용해야 할지 몰라 사장시킨다면 당사자와 기업은 모두 손해다. 또 기업 조직문화와 시스템이 외부인재가 역량을 발휘할 수 없는 환경이라면 적응이 안되어 바로 퇴출될 것이다.

실례로 서울의 사립명문대학인 모 대학은 우수한 교수를 많이 양성하고, 문제가 있는 교수의 자질을 높이기 위해 교수학습개발원을 설립하면서 교수법 권위자인 미국 일리노이대 마이클 제이콥슨 교수를 부원장급 실장으로 초빙하였다. 하지만 초빙교수는 2년 후 싱가포르의 한 대학으로 자리를 옮겼다. 교수 가운데 단 한 명도 그에게 교수법에 대해 물어보는 사람이 없었기 때문이다.

서울대나 다른 대학의 경우도 이와 비슷한 센터가 있지만 센터를 찾는 교수는 수업에 열의가 있는 젊은 교수들인 반면, 정작 강의에 문제가 있는 교수들은 문제의식조차 없어 찾지 않는다고 말한다.

벤치마킹도
경쟁력이다 (벤치마킹불사)

'민간기업이 스승이다'

일찌감치 글로벌 경영의 탄탄한 기반을 닦은 대기업을 벤치마킹하는 것은 당연한 일이다.

과거에는 관료가 국가를 이끌어 갔다면 이젠 기업이 국가경쟁력의 주체로서 국가를 튼튼하게 하고 있다.

그래서 우리나라뿐만 아니라 외국에서도 글로벌 기업을 유치하기 위해 그 나라의 법과 제도를 고쳐가며 투자환경과 지원을 아끼지 않는다.

기업들도 세계화 · 정보화 · 포스트모던화 등 변화된 패러다임에 발빠르게 적응하여 권력의 중심으로 이동하고 있다.

1980년대까지만 해도 정부기관의 운영시스템은 민간기업의 벤치마킹 대상이었다. 하지만, 1990년대로 넘어오면서 민간기업은 더 이상 정부기관의 운영시스템을 배우지 않고 세계일류 글로벌 기업의 운영시스템을 벤치마킹하기 시작하였다. 그 결과 이젠 정부기관이 글로벌 기업으로 성장한 민간기업의 운영시스템을 배우기 위해 벤치마킹 대상으로 삼고 있다.

초기에는 불친절의 대상자인 민원부서가 타깃이 되었다. 고압적이고 경직된 느낌이 강했던 관료조직이 친절열풍의 덕택으로 이젠 고객만족, 고객졸도라는 신조어도 자연스럽게 들릴 정도가 되었다.

더 나아가 이러한 열풍은 친절 부문에 한정하지 않고, 전부문으로 확산되어 체질과 환경을 통째로 변신하기 바쁘다.

그동안 정부는 실패해서도 안되며 실험이 있을 수 없다는 완벽주의때문에 보수적이면서도 폐쇄적인 조직운영을 해왔다. 그렇지만 지금은 이런 벽을 깨고 민간이나 외국에서 성공한 정책과 단점보다 장점이 많은 검증된 사례는 과감하게 도입하려 하고 있다.

최근에 도입되고 있는 OECD 국가의 고위공무원단 제도와 민간기업의 팀제도 중앙정부에 벤칭마킹된 것도 한 예이다.

민간배우기 열풍의 진원지는 공무원 개인의 인센티브에 연관된 성과 관리 시스템의 영향에서 비롯된다. 실적을 평가하여 장관이 경질되거나 연임될 수 있고, 공무원은 성과상여금의 차이와 승진이나 보직에 인센티브가 부여되니 박자가 안 맞을 리 없다.

민간배우기 열풍의 예를 들어보자. 국무조정실을 비롯한 기획예산

처, 노동부, 지방자치단체 등은 글로벌 기업으로 우뚝 선 민간 기업을 방문하여 경영비법을 벤치마킹하고 있으며, 공군사령부도 간부들이 경남 창원에 위치한 LG전자 2공장을 찾아 기업혁신 사례를 직접 체험했다.

중소기업청은 대한상공회의소와 공동으로 세계 최고 품질의 자동차를 생산하는 도요타자동차와 그 협력업체간 상생협력 모델의 핵심인 도요타생산방식(TPS: Toyota Production System)을 벤치마킹 하기 위해 연수단을 파견하였다.

벤치마킹의 영역은 기업뿐만 아니라 사회 전역에서도 그 사례를 볼 수 있다. 예를 들면 대구의 담장허물기 사업은 서울, 부산 등 많은 행정기관과 시민단체에서 벤치마킹되면서 전국으로 번져나가고, 중국에는 벤치마킹의 모델이 되기도 했다.

기업들은 어떠한가? 글로벌 스탠더드와 세계경영의 한 가운데 있어 기업번영과 생존을 위해 유연한 움직임으로 외국과 경쟁기업의 우수한 경영사례를 벤치마킹하고 있다.

디자인의 중요성이 부각되면서 첨단 디자인 흐름을 정확하고 빨리 파악하기 위해 세계적인 디자인 도시에 현지 연구소를 만들기도 한다.

대표적인 내수업종으로 꼽혀온 은행권도 최근 해외진출을 적극적으로 추진하고 있다. 국내 시장이 이미 포화상태에 이른 데다 금융시장의 환경 역시 갈수록 대형·개방화하는 추세 속에서 한국인만을 상대로 한 '우물안' 영업은 여러모로 한계에 이르렀다는 판단에서다.

의료기관도 의료시장 개방을 앞두고 선진의료시스템을 벤치마킹하기 위해 해외 의료기관 탐방에 적극 나서고 있다.

반면, 역으로 외국 정부기관이나 기업에서 우리나라의 우수한 사례를 역 벤치마킹하는 사례도 늘어가고 있다.

중국 정부가 한국의 새마을운동을 배우기 위해 앞으로 35만 명을 파견하고 1인당 연수비로 100~150달러씩 모두 3,500만~5,250만 달러를 쓸 계획이 보도되었다.

도시개발로 인한 인구유입으로 골머리를 앓고 있는 개발도상국들은 우리나라의 신도시 개발모형에서 이런 문제를 먼저 경험한 우리정부와 기업에 참여를 요청하는 러브 콜도 늘고 있다.

알제리 정부의 경우 알제리의 주택난 해소와 고용창출을 선도할 첨단기술과학 신도시인 '시디 압델라' 건설사업에 신도시 건설경험이 풍부한 국내 기업의 참여를 요청했다.

아제르바이잔은 신도시의 입지선정 및 계획수립 단계부터 적극적인 지원을 요청한 상태다.

몽골도 울란바토르시 공항 인근에 추진하는 신도시 건설사업에 우리의 신도시 개발 노하우를 전수시켜 주기를 바라고 있다. 캄보디아와 베트남도 우리의 신도시 개발을 벤치마킹하고 있다.

이들 국가에서 한국형 신도시 모델을 원하는 이유는 단기간에 2백만가구 이상의 신도시를 개발하면서도 각종 부작용을 최소화했기 때문이다.

우리나라의 혁신형 중소기업 육성전략과 정책을 벤치마킹하고 아이디어를 얻기 위해 중소기업청에 태국 OSMEP(중소기업진흥국) 공무원, 대만 ITRI(국립공업기술연구원) 연구원, 방글라데시 국회의원, 브루나이 대사가 방문했다.

우리 기업도 해외에서는 벤치마킹의 대상이 되고 있다. 현대 창업주 고 정주영 회장과 삼성의 창업주인 고 이병철 회장이 그동안 불모지 땅에서 일군 경영철학과 노하우 역시 벤치마킹하고 있고, 비록 법의 심판을 받고 있지만 김우중 전 대우그룹회장의 세계경영도 오늘날 많은 기업의 경영모델이 되고 있다.

미국 하버드대 경영대학원(MBA) 학생들이 SK그룹을 직접 방문하여 한국의 IT(정보기술) 수준을 직접 체험하기도 하고, SK㈜의 울산 공장에는 가나 외교부 장관과 중국 시노펙 회장 일행 및 싱가포르 국립대학 MBA 학생 등 100여 명이 방문해 정유 공정 및 환경처리 인프라를 견학했다.

그전에는 미국의 공화당 및 민주당 소속 정치인 9명이 SK커뮤니케이션즈를 방문해 싸이월드 미니 홈피 서비스의 성공에 대한 강연을 듣기도 했다.

세계적인 글로벌 기업인 삼성그룹의 문화는 이미 도요타 자동차, GE, 인텔과 같은 세계의 글로벌 기업들의 벤치마킹 대상이 되고 있다.

Chapter 2. 인재의 가치기준을 바꾼 양성형 인재

남성과 여성의 장점을 결합한 멀티 플레이어 인재가 온다

양성형 인재를 키워라

01

'핵심인재를 확보하라'

글로벌 시대를 맞이하여 핵심인재를 키우거나 영입하는 데 비상이 걸렸다.

국가기관이나 기업에서 인재를 이야기 할 때 빠지지 않는 것이 있다. 바로, 핵심인재를 어떻게 뽑고 관리할 것이냐는 것이다. 한 명의 핵심인재가 미래에는 수만 명 수십만 명을 먹여 살린다는 이야기가 있듯, 핵심인재가 우리를 구원해 주고 직장을 일류기업으로 이끌며 국가의 미래를 장밋빛으로 물들일 것이라는 기대 때문이다.

우리나라에 빌 게이츠나 이건희같은 인재가 2~3명만 더 있다면 어떻게 되었을까? 생각만 해도 가슴이 뛸 일이다. 국가위상이나 국력이 크게 달라졌을 것이다. 그렇다면 핵심인재란 무엇인가? 핵심인재는 조직의 가치창출에서 핵심적 역할을 수행하는 인력이면서 조직의 미래운명을 좌우할 뛰어난 창의력, 추진력, 리더십 그리고 열정을 가진 사람이다.

글로벌 기업으로 성장한 우리 기업은 인재의 중요성을 누구보다 일찍 간파하여 훌륭한 인재를 발굴하고 키우는 데 정성을 쏟고 있다. 국내·외를 불문하고 우수인재가 안테나에 잡히면 달려가 최고급의 대우보장을 제의하며 스카웃에 공들인다. 급속한 변화시대에는 그 시대에 맞는 인재가 필요하기 때문이다.

실제 한 조사에 의하면 기업의 성공여부는 변혁을 이끌어낼 핵심인재의 확보와 유지에 의해 좌우됨을 밝히고 있다. 즉 핵심인재는 평범한 인재보다 생산성에서 40%, 이익에서 49%, 매출에서 67%가 더 창출된 것으로 나타났다. 몇 년전 아마존의 최고 영업 책임자였던 조세프 갈리가 사퇴를 표명하자 아마존의 주가가 한때 10%나 폭락한 것은 핵심인재의 중요성을 말한 예이다.

그렇다면 디지털 시대에 살아가는 오늘날 핵심인재가 갖추어야 할 성향(性向)은 무엇일까? 기존의 남성성 중심으로 가능할까? 아니면 여성성은 어떨까? 시시각각으로 변화하는 세계흐름에 유연하고 빠르게 대처하기 위해서는 양성형 인재가 필요하다. 즉 상황에 따라서 남성적 가치와 여성적 가치를 적절하게 구사하는 인재가 필요하다는 이야기다. 남성성만으로 또는 여성성만으로 대처했다가는 너무 강하여 부러지기 쉽거나 모래알처럼 힘을 모을 수 없기 때문이다.

인간은 누구나 이중성이 있다. 외향적인 사람도 내향적인 심성이 있으며, 논리적인 사람도 감성적 심성이 있다. 독립적인 사람도 의존적인 심성이 있으며, 경쟁적인 사람도 협동적인 심성이 있다.

또 모험적인 사람도 안전지향적 심성이 있으며, 수학과 과학에 능통한 사람도 예술과 문학에 소질이 있다.

남성과 여성간의 관계도 마찬가지다. 앞에서 말한 전자가 남성성의 특징이라면 후자는 여성성의 특징이라고 할 수 있다. 다시 말해 남성이나 여성이나 남성성과 여성성의 특징을 모두 가지고 있고 얼마나 잘 활용하느냐는 것은 시대의 변화와 트랜드에 앞서갈 수 있다는 말이 된다.

유명 광고대행사인 제일기획에서 국내 17세 이상 39세 이하 남녀를 대상으로 양성성, 여성성, 남성성과 같은 성정체성에 대한 조사를 실시한 바 있다.

조사결과에 의하면 기존 '메트로섹슈얼(Metrosexual:패션에 민감하고 외모에 관심이 많은 남성)' 이나 '우마드(Womad:新 모계 사회에서 도시의 유목민으로 살아가는 여성)' 등의 개념과는 차별화 되면서 기존의 성 역할에 대한 고정관념을 거부하고 양성성을 추구하는 '양성형 그룹인 Mr. Beauty와 Ms. Strong' 이 남성의 66.7%, 여성의 57.3%나 되는 높은 비중을 보였다.

또한 이들 양성형은 연령별로 보면 고등학생이나 대학생 연령에서 분포가 상대적으로 높지만 20대 후반이나 30대의 연령에서도 50% 이상을 차지, 전 연령층에서 나타나고 있다고 밝힌 바 있다.

즉 남성이 아름다워지거나(Mr. Beauty) 여성이 강해지는(Ms.

Strong) 것은 유행이나 트렌드처럼 잠깐 등장했다가 사라지는 일시적인 철새가 아니라, 오래전부터 우리가 모르는 사이에 시작되었고 앞으로도 더욱 가속화 될 큰 변화인 것을 말해 준다.

특히 아날로그시대의 흑백논리와 이분법 대신 오늘날의 디지털시대는 다양성과 다분법의 논리가 통하는 시대로 양성성을 잘 활용하는 양성형 인재가 뛰어난 적응력을 보인다.

인간은 자신이 처한 상황에 가장 효과적으로 대처하기 위해서 끊임없이 변화하는 존재이다. 따라서 부드러운 남성과 강한 여성은 디지털 시대에 잘 적응할수록 사회적으로 진화된 존재들인 것이다.

양성형 인재가
인재의 판도를 바꾼다

그동안 많은 미래학자들은 여성적 리더십이 새로운 시대의 강점이자 리더의 주류로 부상할 것으로 생각했다.

하지만 남성도 여성성을 보유하고 있고 여성도 남성성을 보유하고 있는 엄연한 현실에서 여성적 리더십만 유일한 대안이라고 이야기하는 것은 적절치 않다.

생물학적으로 보면 여성들은 나이가 들수록 여성성보다는 남성호르몬의 비중이 높아진다. 대략 50세를 기준으로 5년을 전후하여 폐경기를 겪으면서 급격한 변화를 맞는다.

남성도 마찬가지다. 특정 시점에 갑자기 성호르몬의 변화를 겪는 여성과 달리 남성은 나이가 들면 서서히 남성호르몬이 줄어들면서 빈

자리를 여성호르몬이 대체한다.

남성이든 여성이든 이러한 호르몬의 변화는 사회적 역할의 변화로 이어진다. 이것은 남녀 누구든 남성성과 여성성을 함께 가지고 있기 때문에 겪는 변화이다. 다시 말해 남성이든 여성이든 가슴속에 함께 공유하고 있는 남성성과 여성성 즉, 성별에 관계없이 혼재하는 양성성을 어떻게 활용하느냐 하는 것이 새로운 시대에 얼마나 잘 적응하느냐와 일맥상통한다.

그럼 양성성(androgyny)은 무엇인가?

양성성은 고대 그리스어의 하나로 남성을 뜻하는 andros와 여성을 뜻하는 gyne이 결합한 용어이다. 하나의 유기체 안에 남성적이라 불리는 특성과 여성적이라 불리는 특성이 함께 존재하는 것을 말한다. 넓은 의미에서는 성의 구분이 없는 상태, 즉 유니섹스, 양성애(bisexuality), 자웅동체성(hermaphroditism) 등까지 포괄하지만, 일반적으로 심리적 양성성의 개념에 한정하여 사용한다.

양성성은 여성성(feminity)과 남성성(masculinity)의 개념을 전제로 성립되는데, 이 둘을 결합시킨 것이면서 동시에 이 개념들의 본질주의적 측면을 거부한 것이다.

그동안 인간은 근본적으로 양성성의 특징을 모두 가졌지만 사회화의 결과 남성은 여성성을, 여성은 남성성을 억압함으로써 이들 상대성을 활용하는 데 소극적이었다.

남성성과 여성성은 한 사람 안에 얼마든지 공존하면서 활용에 따라서 개인의 타고난 품성과 자아를 구성하는 중요 요소이면서 타고난 운명을 가르기도 한다.

그런데 지식 정보화 시대에 사는 오늘날에는 여성성만으로, 또는 남성성만으로는 살 수 없을 정도로 엄청난 변화의 물결이 일고 있다. 힘의 논리와 위계질서가 지배했던 과거와는 판이하게 달라진 것이다.

어느 사회생물학자는 '여성들은 원래 남성미도 있으면서 다정한 시간을 보내며 아이를 함께 기를 수 있는 좀 더 감성적인 남성을 원했다.'고 주장한다. 여성이 그동안 남성성을 부러워한 것은 단지 남성 중심의 경쟁사회에서 살아남을 수 있는 남성을 선호했기 때문이라고 말한다.

그러나 오늘날은 다르다. 권력이나 재력·학벌로 대변되었던 수직적인 사회의 메커니즘은 이제 오래된 박물관에 화석처럼 박혀 있는 것일 뿐, 도덕이나 이상·커뮤니티로 무장한 수평적인 네트워크의 지식 정보화 사회가 이제 우리 사회의 거스를 수 없는 큰 흐름으로 성큼 우리 앞에 다가오고 있는 것이다.

하버드 대학 다니엘 골맨 교수가 성공한 사람들을 조사했는데, IQ 의존도는 20%밖에 안되고 EQ 의존도는 80%쯤 된다는 결과도 이것을 뒷받침한다. 현대는 머리가 좋다고 성공하는 것이 아니라 감성지수가 뛰어나야 된다는 말이다. 자기 스스로 감정을 조절할 줄 아는 능력이 있어야 할 뿐만 아니라, 다른 사람의 감정을 잘 읽을 줄 아는 능력을 지니고 있어야 한다.

그렇다면 감성지능시대에는 남성이 유리할까? 아니면 여성이 유리할까? 모두 유리하기도 하고, 그렇지 않을 수도 있다. 그것은 여성에게만 여성성이 있는 것이 아니라 남성에게도 여성성이 있기 때문이다. 그러나 이를 개개인모두에게 보편화시키기엔 어려울 수 있기 때문이다.

하지만 감정지수는 여성성의 특징이며 여성성을 많이 보유한 여성들에게 기회와 역할이 많이 주어짐은 주목할 만하다.

인재를 뽑는
면접의 포맷도 바뀌고 있다

'기업 인사담당자의 85%가 이력서를 신뢰하지 않는다.'

채용전문업체인 코리아리크루트(주)에서 기업인사담당자를 대상으로 조사한 결과다. 이력서를 신뢰하는 인사담당자는 15%에 불과했다. 이력서에서 가장 신뢰하지 못하는 항목은 업무관련 경험으로 취업여건이 어려워 업무경험을 쌓기 힘들기 때문이다. 다음으로 외국어능력, 봉사활동 경험, 연수경험 순이다.

이력서를 신뢰하지 못한다면 이젠 면접이다. 면접에서 유능한 사람을 골라내지 못한다면 달리 방법이 없다. 개개인의 인성이 면접의 중요한 항목으로 강조된다.

그러나 짧은 시간을 통하여 인성과 능력을 평가하는 것은 어쩌면 수박 겉핥기식의 시험일 수 있다.

축구에서 주심이 선수의 헐리우드 액션에 현혹되어 잘못된 판정으로 스포츠의 질을 떨어뜨리듯, 면접관이 옥석을 가릴 만한 식견을 갖추지 못했을 경우엔 인재선발에 어려움이 따를 수 밖에 없다. 즉, 발표력만으로 평가할 경우 진정 기업이 찾으려는 내면 속의 잠자고 있는 잠재력이나 창조성을 보지 못할 수 있기 때문이다.

"얼음이 녹으면 무엇이 되나요?"

국내의 어느 이동통신사 신입사원 면접채용 때 나온 질문이다.

설마 "물이 됩니다."라고 답변을 하지 않을 것이다. 뻔한 답변을 요구하는 질문을 할 면접관은 없기 때문이다.

최소한 "봄이 옵니다." 또는 "진흙탕이 됩니다."라고 감성적이며 창의적으로 답변해야 그나마 상대적으로 플러스 점수를 받을 수 있다.

취업이 어렵다보니 별의별 시험이 다 동원되고 있다. 응시자가 면접관의 머리 꼭대기에 앉아 있어야 할 판이다. 틀에 박힌 대답보다는 톡톡 튀는 답변이 좋은 점수를 받는다.

다른 예를 보자. " 날아오는 총알을 어떻게 피하겠습니까?"하는 질문을 면접관이 던졌다. 그때 응시자는 머뭇거림없이 "그냥 맞겠습니다."라고 당당하게 대답했다.

그리고 곧바로 "대신 윗 주머니에 휴대폰을 넣고 맞겠습니다."라고 자신감 넘치는 유머를 날렸다.

면접관들은 웃지 않을 수 없다. 이 유머는 당시 모 휴대폰에 얽힌 실화이며 지원자는 그때가 기억났기 때문이다. 틀에 박힌 모범답안 같은 대답보다는 여유 있고 자신있는 유머가 면접관들에게 더 호감을 산다.

이처럼 국내 경영자들은 직원을 채용할 때 유머가 풍부한 사람에게 후한 점수를 주는 데 주저하지 않는다.

유머를 잘 구사하는 직원은 업무에서 더 우수할 뿐 아니라 기업의 생산성 향상과 조직 문화에도 도움이 된다고 평가하고 있다.

실제로 삼성경제연구소에서 조사한 바에 따르면, CEO 10명 중 8명이 유머있는 사람을 우선 채용하는 것으로 나타났다. 유머가 풍부한 직원이 일도 더 잘한다고 응답한 사람도 10명 중 6명이었다.

또 경영자들은 전반적으로 '유머(fun) 경영'이 생산성과 조직문화, 고객서비스 등의 측면에서 꼭 필요하다고 생각하고 있다.

최근 우리나라 기업 중에도 '유머(fun) 경영'을 도입한 곳이 꽤 있지만 원조는 미국의 사우스웨스트 항공사다. CEO인 허브 켈러허 회장은 공식행사에 엘비스 프레슬리 차림에 오토바이를 타고 등장하곤 했다는 일화는 유명하다.

직원들은 짐칸에 숨어 있다가 갑자기 고객에게 "놀랐지요(What a surprise)"하며 나타나 조크한다.

기내방송도 재미있다.

"기내에서는 금연입니다. 흡연하실 분은 문을 열고 밖으로 나가 날개 위에서 맘껏 피우세요. 오늘 흡연하면서 감상할 영화는 '바람과 함께 사라지다' 입니다."라며 조크를 던진다. 사우스웨스트 항공사는 '유머(fun) 경영'을 생활화하여 1971년 창사 이래 한 번도 적자를 내지 않고 있다고 한다.

오히려 사우스웨스트항공사는 오늘날까지 연속 흑자를 내면서 연평균 10~15% 성장하는 놀라운 실적을 보였다. 영국의 경영전문가 데이비드 클루터벅은 그의 저서 〈잘나가는 기업, 남다른 경영〉에서 사우스웨스트사를 예로 들면서 '유머(fun) 경영'을 미래의 화두로 꼽았다.

허브 켈러허 회장은 자유분방함과 재치를 통해 "일은 재미있어야 한다."는 경영철학으로 '유머(fun) 경영'을 생활 속에서 실천한다. 출근할 때 토끼 모양의 분장을 하고 엘리베이터에서 직원들을 놀라게 하는가 하면 면접 때에는 유머감각을 주요 채용 기준으로 삼고 있다고 한다.

탑승 순간부터 착륙 때까지 기발한 유머와 위트로 승객들을 유쾌하게 만드는 그들의 태도는 '사우스웨스트 매너'로 불린다.

미국 경제전문지 포춘이 매년 선정하는 '일하기 좋은 100대 기업'의 특성이 신뢰, 자부심, 재미라고 전문가는 평가한다. 이제 재미는 경영의 키워드가 되고 있는 것이다.

'유머(fun) 경영'은 기업과 구성원, 고객 모두가 즐겁고 신뢰할 만한 일터를 만들어 생산성을 향상시키고 감성적인 가치를 창출해 나가는 핵심 전략으로 부상하고 있다.

그렇다면 '유머(fun) 경영' 시대의 인재가 갖추어야 할 특성은 무엇인가? 바로 양성형 인재에서 찾아 볼 수 있다. 면접에서 기존에는 정확하고 분명하면서 자신감있는 남성적 답변을 들었다면 이제 유머나 재미가 있는 여성적 답변도 듣기를 원하기 때문이다.

양성브랜드
시대가 오고 있다

'오늘날은 스타의 시대다.'

대중들은 그들의 몸짓에 환호하고, 그들의 말 한마디에 열광한다.

한창 감수성이 예민한 10대들은 물론이고 20~30대까지도 자기가 동경하는 스타를 닮기 위해 시간과 열정을 쏟아 붓는다. 사람들의 문화패턴을 지배할 만큼 대단한 영향력을 행사하는 스타는 진정, 살아 있는 우상이라고 불러도 지나치지 않을 정도이다.

TV나 라디오와 같은 방송매체들의 힘이 더 커지면서 스타는 제 2의 외교관이라 불리울 정도의 위력을 발휘한다. 바로, 한류가 대표적인 케이스다. 스타에 대한 맹목적인 사랑이 그가 태어난 국가에까지도 전이되어 대한민국의 국가 브랜드까지도 상승하게 되는 것이다.

또한 스타는 대내적으로도 기여하는 바가 크다. 우선, 먼저 소비문화를 바꾼다. 대중들의 스타 따라잡기는 취향 · 행동 · 스타일 등 스타의 모든 것을 그대로 자신의 문화 속으로 옮겨 온다. 모두 대중스타가 좋아하고 즐겨하는 취향으로 자신의 이미지를 바꾸게 되는 것이다.

분명 지금은 대중적인 스타가 우리사회를 리드하는 시대다. 고매한 철학과 지식을 보유한 관록의 인물은 뒷전으로 밀리고, 스타가 사회를 이끌어 가는 핸들이 된 것이다.

스타가 흘리는 눈물 한 방울이 대중 전체의 슬픔과 감동이 되어 온몸을 전율하게 만든다. 스타는 연예계에만 있는 것이 아니다. 정치스타는 한마디의 연설과 톡톡 튀는 행동으로, 연예계 스타는 감성적인 드라마나 영화 속의 주인공으로, 스포츠 스타는 멋진 경기와 골 세레모니로 대중을 사로잡는다.

경제계 스타의 한마디에 세계의 주가가 출렁이고, 국가 경제정책에도 영향을 미친다.

스타의 뒤에는 항상 열광하는 '팬' 들이 있고 이들은 인터넷을 통한 팬클럽으로 확산시켜 나간다.

그렇다면 대중스타의 매력은 남성성과 여성성 가운데 어느 쪽 성향이 더 강할까?

남자 스타의 경우를 보면, 과거엔 남성미에 흠뻑 빠져들어 열광하는 경우도 있지만, 근육형 미남보다는 소프트하고 하얀 피부의 여성적 매력을 지닌 스타가 더 큰 사랑을 받고 있다. 반면에 여자스타도 예전엔 차분하고 고전적인 이미지를 가진 여성이 인기가 있었다면,

지금은 오히려 남자처럼 직선적이고 내숭없이 솔직하게 자신을 표현하는 여자 연예인이 스타로 각광을 받는다. 물론, 외모는 꽃미남·꽃미녀여야 하고, 남을 우선 배려하는 매너는 당연히 갖춰야 할 공통의 포인트다.

이러한 현상은 대중스타뿐만 아니라 대중적인 제품에서도 비슷하게 나타나고 있다.

과거에는 소비자에게 제품을 팔 때 단지 기능이 좋고 가격만 싸면 OK 사인을 받아낼 수 있었다. 그러다보니 마케팅 또한 제품에 대한 내부 속성, 즉 우수한 기술과 품질에다 저렴한 가격을 소비자에게 어필하는 프로덕트 마케팅방식이 주를 이루었다. 품질과 가격 외에는 별다른 경쟁 요건이 없었던 셈이다.

그러나 요즘은 어떤가? 제품만 강조하는 일차원적인 광고 마케팅 방식으로는 백이면 백 다 실패하고야 만다.

지금의 트랜드 키워드는 멀티 필링(Multi Feeling)이다. 경쟁에서 우위를 지키기 위해선 독특하고 다양한 감성으로 공략하지 않고서는 사람들이 움직이질 않는다. 사람들도 이러한 오감을 자극하는 마케팅에 훈련되어 있어 대중들이나 소비자의 눈높이 또한 한층 더 업그레이드 되어 있기 때문이다.

이처럼 양성화를 향한 패러다임의 변화는 그 대상이 사람이든 제품이든 피해갈 수 없는 길목에 신호등처럼 서 있다가 통과시킬 수도 있고, 정지시킬 수도 있다.

인재전쟁의 시대엔
휴전이 없다

오늘날은 인재전쟁(war for talent)의 시대다.

지금은 과거처럼 총이나 칼로 싸우는 것이 아니다. 지식정보화 내지 디지털 시대에는 사람의 머리로 싸우는 두뇌 전쟁의 시대인 것이다.

기업은 기업대로 정부는 정부대로 우수한 두뇌를 확보하기 위해 안간힘을 쓰고 있다. 인재는 국가와 기업을 지탱하는 척추와도 같다. 때문에 인재의 효과를 톡톡히 누렸던 기업들은 인재를 발굴하고 키우는 데 노력과 투자를 아끼지 않는다.

일단 없어서는 안될 인재라고 판단되면, 국내·외를 불문하고 달려가 최고의 연봉과 메리트를 약속하고 스카웃 한다. 새로운 수요를 창출할 아이디어도, 혁신적인 비즈니스 모델도 결국 인재가 만들어 낸 고부가 가치의 작품이기 때문이다.

같은 값이면 다홍치마라고 인재도 순발력 있고 창의적인 사고를 하면서 실무에서는 유연하게 대처하는 인물을 기업들은 원한다. 능력이 탁월한 고수의 영입은 경쟁력을 높일 수 있기 때문이다.

글로벌 스탠다드를 경험한 기업은 효율성과 성과를 최일류기업의 선진국 인사시스템에 맞추지 않으면 경쟁에서 이겨나갈 수 없다는 경험을 했다. 학력보다는 자격증이 중요하고 자격증보다는 실제 능력이 더 중요하기 때문이다.

'당신의 능력을 보여주세요.' 라는 광고카피처럼 속 빈 강정보다는 알찬 인재가 필요한 것이다.

인재전쟁은 기업뿐만 아니라 최근 공직에 있어서도 마찬가지다.복지부동의 대명사로 불리며, 철밥통이라는 오명 아닌 오명을 받아 왔던 공무원들조차도 새로운 인사 평가제도가 도입되면서 인재로 몸살을 앓고 있다. 유사이래 이렇게 공직 인사 시스템이 혁신적으로 바뀐 사례가 없을 정도다.

선진외국이나 민간기업에서 적용되어 효과를 보고 있는, 인사 시스템은 대부분이 밴치마킹 대상이며, 이미 많은 부분이 도입되었다.

공무원의 꽃이라고 하는 1급부터 3급 국장까지를 한데 묶어 계급을 폐지하는 고위 공무원단이 2006년 7월부터 전격 시행되어, 성과가 없거나 무보직 상태로 일정기간이 지나면 퇴출된다.

또한 고위공무원단의 직위를 개방형에 20%, 공직 내부 직위 공모로 30%, 각 부처별 자율인사로 50%를 운용하여 과거의 연공서열이나 계급제 요소가 지금은 경쟁과 성과체계로 혁신되었다.

장관들은 수시로 소속 관료들에게 업무성과를 바탕으로 냉정하고 엄격한 인사를 단행할 것을 주문한다. 이와 함께 성과가 좋은 공직자는 계급과 경력에 관계없이 과감하게 발탁될 수 있을 것이라고 선언했다.

이처럼 삼엄한 인사 분위기 속에 공무원들은 '혹시나 인사개혁의 칼바람을 맞지는 않을까?' 하는 불안에 긴장감을 늦추지 않고 있다. 대표적인 케이스로 최소한 몇 명에게 보직을 박탈하는 역 인센티브를 준다면, 조직 분위기가 확 달라질 것이다.

그렇다면, 장관은 안심할 수 있을까? 장관은 인사권자인 대통령의 평가를 받아야 한다. 오히려, 성과가 나쁜 경우 징계절차없이 바로 경질될 수 있기 때문에 하위 공직자들보다 더 큰 인사 리스크를 안고 있다고 볼 수 있다.

매년 국무조정실이 실시하는 정부기관 업무평가를 받아야 하고, 결과는 곧바로 인사권자에게 넘겨져 인센티브를 받거나 질책을 받게 된다.

과거처럼 장관이 권위만 내세우다간 혹독한 평가를 받고 불명예스럽게 낙마할 수 있다.

오늘날 우리는 미래에 대한 불확실성과 치열한 생존경쟁, 신기술의 출현, 정보기술의 초고속 진화에 따른 충격을 우리 모두는 지위 고하를 막론하고 경험하고 있다. 이런 환경에서는 경쟁력을 최대한 높이고 생존시킬 수 있는 역량있는 인재를 확보하고 육성하는 것이 모두의 바램이다.

과거와 달리 글로벌 경쟁체제에서는 조직이 먼저, 생존에 필요한 인재를 전쟁하듯 찾아다니는 시대에 살고 있다. 전문적인 업무능력, 전략적 사고, 글로벌 비즈니스 능력, 리더십, 추진력, 창의력 등 팔방미인형 인재가 절실히 요구된다.

특별한 것이 힘(Special Is Strength)인 시대에 평범한 인재는 더 이상 설 자리가 없다.

최후의 인재개혁은
양성형 인재의 발굴이다

'**행정개혁은** 인사개혁이다.' 할 정도로 소위 우리보다 잘 산다는 국가들의 행보를 눈여겨보면 많은 개혁 중에 개혁의 백미는 역시 인사개혁으로 귀결된다.

행정개혁의 중심에는 늘 인사개혁이라는 화두가 또아리를 틀고 있었다.

사람이 조직을 만들고 조직은 또한 사람을 키운다는 말이 있다. 우리 역사는 결국, 1%의 인재와 그를 추종하는 99%의 사람들이 만들어낸 과정이다. 역사상 피고 지는 수많은 사람들의 희노애락은 결국 인재와의 관계 속에 물려받은 유산인 것이다.

인간이 조직을 만들며 그 조직의 성공과 실패를 가름하는 것도 인간이다. 조직의 일들은 사람이 만들고 사람이 키우며 사람이 없애기 때문이다.

인재의 전쟁을 치뤄야만 하는 불가피한 현실을 놓고 보면, 설령 자신이 인사개혁의 칼앞에 희생양이 되더라도 억울하다거나 부당하다고 주장할 만한 근거를 제시하기엔 역부족이다.

정부정책을 입안하는 것도, 경제의 파이를 키우는 것도, 새로운 미래 동력산업을 찾는 것도 모두 인재의 문제다.

인재에 대한 평가가 강화되다보니 국가정책에 대한 대응도 빨라졌다. 일단 문제가 발생하면 과거처럼, 시간을 끄는 일 없이 바로바로 대응한다. 정책의 속도가 그만큼 빨라졌다는 의미이다.

예전 같으면 학계, 시민단체, 재계에서 끈질기게 요구해야 움직이던 중대 사안이나 정책들이 이젠 오히려 정책의 속도를 뒤따라 가기도 바쁘고, 심지어는 국민들이 새로운 정부 정책에 불안해 할 정도로 스피드를 내고 있다.

이런 일련의 변화와 개혁은 특히, 인재채용방식에 있어서 더욱 두드러져 나타난다.

그동안 채용방식의 전제조건이 되다시피한 학력, 학점, 연령, 토익 성적들이 우수인재를 발굴하는 데 장애물로 여겨지면서 중요한 채용 조건에서 밀려나가는 추세이다. 학력이 곧 능력이라는 등식이 앞서다 보면 참 인재를 선별해 낼 수 없다는 생각을 갖고 있기 때문이다.

학력이 높아야 능력이 높다는 일차원적인 인재관이 이처럼 획기적인 전환기를 맞이한 데에는 그럴 만한 이유가 있다. 특히, 상대적으로 변화와 개혁에 둔감한 공직사회에서조차 인재에 대한 관점이 바뀐 것을 보면 바꾸지 않고서는 견딜 수 없다는 위기의식이 그만큼 팽배한 것임에 틀림이 없다.

민간기업이나 공공기관, 은행의 경우는 아예 이러한 조건을 철폐하고 만 20세 이상이면 누구나 지원하는 개방형 채용방식을 도입하면서 차별점을 찾기 위해 가장 중시되는 심층면접을 강화하는 추세지만 공직도 마찬가지다. 필기시험과 면접시험으로 구성된 공개채용이외에도 다양한 특별채용제도가 시행되고 있다.

양성형 인재관은 사실, 일찌기 우리나라의 역사속에서 이미 다뤄진 바 있는 화두다. 1447년 세종 29년에 문과별시 과거시험에 '인재를 어떻게 구해야 하는가.' 라는 문제가 나왔을 때 당대의 유명한 인재였던 강희맹은 한마디로 '장점을 취하고 단점을 보완해 쓰라.' 고 했다. 이를 양성형 인재관점에 따라 해석하면, 단지 적극적이고 추진력이 월등하다는 이유로 인재를 채용했다면 그와 같은 메리트에 더해서 섬세함과 정교함까지도 겸비한 양성형적인 인재를 기용해야 한다는 뜻과도 일맥상통한다.

우리는 그동안 인재의 역할에 보다 많은 비중을 두었다. 하지만, 이제는 인재가 갖춰야 할 조건이 새롭게 요구되는 시점에 서 있다. 이는 우리가 새로운 관점에서 인재를 찾아야 하고, 인재로 선택받는 입장에서는 '양성형' 이라는 새롭게 추가된 무기를 장착한 인재로 거듭나야 함을 의미한다.

Chapter 3. 누구도 피해갈 수 없는 양성형 시대

시대를 리드해 나가는 인재의 X파일속엔 양성성이 있다

역사 속의 성인군자도
양성형 인재였다

'**과학은 남성적이고** 종교는 여성적이다.' 라는 말이 있다. 과학은 자연을 정복하려 들지만 종교는 자연과 동화되기 때문에 남성과 여성을 과학과 종교에 비유한 것으로 보인다. 종교가 없다면 윤리가 흐트러지고 생존 경쟁에 내몰린 인간의 삶은 희망적이기보다는 절망적일 것이다.

인간은 죽음을 맞이할 때 가장 순수해진다고 한다. 그동안 살아왔던 날들의 헛됨을 알고 사후에 종교를 통해 귀의하려는 강한 의지를 갖게 되는 것이다. 많은 종교적 성인들은 폭력과 힘으로 민중들의 마음을 사로잡은 것이 아니라 사랑 · 평화 · 자비로 메가톤급 파워를 행사했다.

그들은 모두 남성들이었지만 무력을 사용하지는 않았다. 남성성 대신에 오히려 여성적인 심성과 품성으로 민중들을 보듬었다. 일반 남성들은 힘으로 문명을 일으키고 사라지게 한 반면, 그들은 정신과 영혼을 중시하고 생로병사로 인해 끊임없이 허덕이는 중생들의 물음에 해답을 주었다.

석가를 보자. 기원전 624년에 룸비니 동산에서 슛도다나 왕(정반왕)과 마야 왕비의 태자로 탄생한 고타마 싯다르타는 태어나자마자 동서남북 사방으로 일곱 걸음을 걷고 나서 한 손으로 하늘을 가리키고 한 손은 땅을 가리키며, "천상천하 유아독존 삼계개고 아당안지(天上天下 唯我獨尊 三界皆苦 我當安之)"라 말했다고 전한다.

'모든 세상이 다 고통 속에서 잠겨 있으니, 내 마땅히 이를 편하게 하리라.' 하는 중생 구제에 대한 서원을 담고 있는 말이다. 19세에 결혼하고 29세에 사랑하는 가족과 부귀영화를 비롯한 모든 것을 버리고 출가수행 길에 나선 싯다르타는 35세에 보리수나무 아래서 더없이 높고 평등한 진리를 깨우친다.

싯다르타는 모든 중생으로 하여금 온갖 탐욕과 집착, 생사 윤회의 고통에서 벗어나 즐거움과 밝은 지혜를 얻게 하며 궁극적으로 깨달음을 성취할 수 있도록 이끌어 주었다. 또 생명을 중시하여 뜨거운 물을 버릴 때도 미물을 해할까 염려했다고 한다.

한편, 예수는 이스라엘 베들레헴의 한 마구간에서 가난한 목수의 맏아들로 태어났다. 30세가 되기 전까지는 요셉과 마리아의 아들로서 보통 사람처럼 살았다. 예수는 30세 무렵부터 본격적인 공적 활동을 시작한다. 요한에게서 세례를 받은 예수는 성령의 인도로 광야에 나가 40일을 밤낮으로 금식한 후에 악마로부터 세 가지의 시험을 받게 된다. 그중 마지막 시험이 높은 산으로 가서 천하만국과 그 영광을 보여주며 만일 내게 엎드려 경배하면 이 모든 것을 네게 주리라, 하는 악마의 유혹이었다.

하지만 예수는 악마의 세 가지 유혹을 물리치고 광야에 머물며 사람들에게 하느님의 용서와 사랑을 전파하기 시작한다.

그후 예수는 하늘나라의 복음을 전하며 병자와 허약한 자를 모두 고쳐 주고, 폭력이 아닌 평화의 사랑을 전한다. 원수마저도 사랑하는 한 차원 높은 사랑을 실천한다. 그리하여 예수는 인간의 죄를 대신하여 못 박혀 죽은 '구세주'로 남은 것이다.

예수는 "누군가 한쪽 뺨을 때리면 다른 쪽 뺨도 내주어라." 하고 말했다. 무저항 정신, 비공격성을 말해 주는 대목이다. 이러한 행위는 남성성보다는 여성성에 더 가깝다고 할 수 있다.

공자는 어떤가? 약 2,500여 년 전, BC 551년 중국과 대만에서 스승의 날이라고 하는 9월 28일에 태어난 공자는 73세까지 지위 고하와 신분의 귀천을 막론하고 배우겠다는 자는 서슴치 않고 가르쳤다. 그가 가르친 제자는 3천 명이며 수제자는 72명이다.

'도덕으로 정치를 하면 마치 그것은 북극성과 같아 모든 뭇별이 우러러본다 (위정편).'라는 말처럼 공자는 위정자는 덕이 있어야 하고 도덕과 예의에 의한 교화가 이상적인 지배 방법이라고 생각했다. 인간은 법으로 구속되지 않는다며 인(仁) 사상을 중요시했다.

공자의 사상은 기독교의 사랑이나 불교의 자비와는 또 다른, 부모 형제에 대한 골육의 애정, 곧 효제(孝悌)를 중심으로 하고 있다. 또 인의 실천을 위해 예라는 형식을 중요시 했다. 곧 공자의 사상은 신 중심이 아닌 인간 중심이었다고 할 수 있다.

우리나라의 경우도 널리 인간세계를 이롭게 하는 홍익인간의 이념을 전파한 단군 할아버지가 있다. 홍익인간 사상은 크리스트교의 박애 정신이나 유교의 인, 불교의 자비심과도 상통되는 인류 공영의 상생정신인 것이다.

또 대순진리회나 증산도 등 증산 계열에서 상제로 모시고 있는 강증산도 유불선을 통합하여 천지 우주를 뜯어고치는 천지공사(天地公事)를 행하여 후천 오만 년의 도수를 정하고, 인간의 정신을 개벽하기 위해서 강세했다. 천·지·인 삼계가 개벽되지 아니함은 선천에서 상극이 인간 지사를 지배하였으므로 원한이 세상에 쌓이고 삼계가 서로 통하지 않아 이 세상에 참혹한 재화가 생긴다고 하면서, 척을 짓지 말고 남을 잘되게 하여 해원상생(解冤相生)을 펼쳐 상생의 도가 세워져야 선경 세계가 건설된다고 하였다.

이 모두 세상에 내려와 인간을 이롭게 하고 평화가 뿌리내리도록 큰 이상을 실천에 옮기셨던 분들이다. 비폭력 저항운동으로 알려진 간디, 독립 운동가 김구 선생도 마찬가지다. 이밖에 인류역사에 많은 업적을 남긴 분들이 있지만 공통점이라면 남성성, 여성성의 한쪽 성에 치우치지 않고 양성성을 적절하게 구사했다는 것이다.

현세에 그 신도들이 성인들의 가르침을 그릇되게 하는 경우도 생거 남성성 또는 여성성에 치우쳐 반목과 불협화음이 들리고 있으나 종교의 근본은 결국 하나가 될 수밖에 없다.

즉 종교 분야도 남성성과 여성성의 변화의 물결을 비켜가기 어렵다. 우리나라의 경우 몇 년전 대한 조계종 간부에 파격적으로 비구니(여성)스님을 임명하였고, 퇴계 이황 선생의 위패가 모셔져 있는 도산서원 상덕사(尚德祠)에서 여성들의 사당 참배가 허용되었듯이 남성성의 성역은 이미 양성성의 화두에 허물어지고 있다.

앙숙이던 기독교와 불교가 크리스마스나 석가탄신일에 함께 하는 것도 양성성의 논리에서 볼 수 있을 것이다.

독단적으로 세상을 이끌어 나가는 것은 위험한 일이다. 서로 포용하는 종교, 화합하는 여성과 남성, 이는 천지만물의 순리에 따르는 일이라 할 수 있다.

한편, 미국의 기독교 절대주의가 타종교와의 화합에 배타적인 면을 보여주어 걱정하는 우려의 목소리도 있다. 특히, 역사적으로도 기독교와 긴장관계를 유지해 온 전 세계 무슬림과의 긴장과 갈등은 위기와 불안을 가중시키고 있다. 원래 종교적 신념과 옳고 그름을 분별하는 현실은 분리되어야 하나 절대적 신앙심을 근거로 한 정치논리는 양성성의 측면에서 바람직하지 않다. 절대적 추종과 신념을 바탕으로 하는 종교의 속성으로 볼 때 국가지도자가 국가정책과 연계할 경우 타종교를 믿는 국가나 개인을 포용하기 힘들다.

따스한 햇볕은 세찬 바람으로 벗기지 못한 외투를 스스로 벗게 만든다는 평범한 진리를 생각하게 한다.

남성성을 활용한
여성이 뜬다

여성으로서 남성성을 활용한 인물도 많다.

우선, 가수 중에 이효리가 있다. 미모를 겸하여 춤과 노래의 매력에 빠져들게 한다. 결코 연약하게 보이지 않는다. 강한 로마 전사처럼 보인다. 남성성을 적절하게 활용한 경우이다.

여성으로서 성대결의 도전장을 내고 있는 위성미 선수나 IMF 체제로 국민들이 실의에 빠져있을 때 희망을 준 박세리도 마찬가지다. 강한 승부욕이 꿈틀거린다.

여성들이 남성성을 적절히 구사하여 역사적인 큰 인물이 되는 경우를 보기도 한다. 예를 들면 영국의 '철의 여인' 이라고 불린 대처 수상, 클린턴 정부 시절 울 브라이트 국무장관, 오프라 윈프리, 힐러리

상원의원 등이 그 예이다.

미국 최초의 여성 국무장관을 지냈던 울브라이트는 퇴임 후 "나에게 장미를 보내고 두 볼에 키스를 보내고 싶어하는 몇몇 국가의 외무장관들을 유혹하는 것은 그렇게 어렵지 않았다."라며 그동안 각국의 남성들과 함께 한 감회를 털어놓았다.

혹자는 '퉁퉁한 몸매의 할머니 같은 그녀가 무슨 매력이 있을까?' 하는 질문을 던질 수 있을 것이다. 그러나 미국이라는 강대국의 위치, 울브라이트가 내뱉는 한마디의 폭발력, 여성 국무장관으로서의 희소성 때문에 비록 외모의 관점에서는 매력이 덜할지 모르지만 남성과 여성의 관점에서 보면 인기를 한몸에 받기에 충분했다.

체코 태생인 울 브라이트 전 장관은 매일 매일 바꾼 '브로치'를 통해 미국의 외교적 메세지를 세계에 알린 것으로도 유명하다. 코소보 사태, 소말리아 내전, 미얀마 사태, 보스니아 내전 등 국제 사회의 분쟁을 해결하기 위해 종횡무진하는 모습은 강한 인상을 남겼다.

오프라 윈프리도 마찬가지다. 이름만으로 미국을 움직이는 또 하나의 힘이며 막강한 브랜드이다.

십수 년 동안 낮 시간대 TV토크쇼 1위를 고수하고 있는 '오프라 윈프리 쇼'의 진행자인 오프라 윈프리는 사생아로 태어나 아홉살 때 사촌에게 성폭행을 당하고 마약에 빠지는 등 불우한 어린시절을 보냈으나 현재 미국 내 시청자만 2,200만 명에 세계 105개국에서 방영되는 토크쇼의 여왕, 잡지, 케이블TV, 인터넷까지 거느린 하포(Harpo, Oprah의 역순) 주식회사의 회장이 되었다.

불행한 어린시절을 이겨냈고 '기회의 나라' '평등의 나라' 라고 하지만 유색인종에 대한 편견이 존재하는 미국사회에서 흑인으로 모든 악조건을 극복하고 당당하게 성공했다.

파란만장한 삶에서 이를 이겨내기 위해 발버둥친 면은 남성성의 발효라 할 수 있다.

힐러리 상원의원도 빼놓을 수 없다. 힐러리에 대한 평가는 양 극단이다. 그녀를 비난하는 측은 '클린턴의 CEO는 힐러리' 라는 평에서부터 남편의 성 추문 사건에도 자신의 정치적 욕망 때문에 감정표현조차 자제하는 여자이기에 인간적 동질감을 느끼지 못하겠다는 평까지 다양하다.

반면, 탄핵안으로 권좌에서 내몰릴 남편을 회생시킨 대범한 여성, 워싱턴 포스트가 선정한 가장 영향력 있는 상원의원이라는 찬사를 동시에 받고 있다. 하지만 젊은 시절 페미니스트로서 여성권익을 위해 노력하고 자기출세를 위해 이혼하는 여성을 반대하면서 가족 공동체 의식을 심어주었으며, 과단성과 카리스마를 발휘함을 볼 때 양성형 인간이라 할 수 있다.

우리나라에도 이런 인물은 많이 있다. 강금실 전 법무부장관도 마찬가지다.

사방을 둘러보아도 남성뿐인 법무부의 수장을 맡으면서 기존의 사법고시 기수 중심인 인사를 능력과 실적 중심으로 바꾸어 국민을 위해 일하는 검사를 기용하고자 했다. 한마디로 강한 소신으로 야무지게 생각을 실천해 나간 것이다.

장관 퇴임 때는 "너무 즐거워서 죄송해요."라고 말한 것을 보아도 장관 자리에 연연하지 않는 파격과 자유가 오히려 사람들에게 어필되어 중요한 자리가 생길 때마다 거론된다.

한때 강금실 전 장관은 줌마렐라의 대표적인 인물로 꼽히기도 했다. 줌마렐라는 활발한 경제활동으로 몸관리에 투자할 돈과 여유가 있고, 탁월한 패션감각을 지적 매력의 하나로 여긴다. 아름다움에 신경을 쓰는 미시족과 건강에 치중하는 웰빙족과 비슷하면서도 다른 점이라면 자신의 외모는 물론 사회적 성공에 큰 의미를 부여한다.

박근혜 전 한나라당 대표도 마찬가지다. 정치인은 권력의지가 있어야 한다. 그러기 위해선 남성성의 장점인 정치적 카리스마와 철저한 자기 관리가 중요하다. 박근혜 전 대표는 이 두 가지를 갖고 적절히 활용했다. 거칠고 사나운 정치세계에서 결속을 이루어내면서 기성 남성 정치인에게 보기 어려운 담백한 매력과 겸손한 권력으로 국민들에게 신뢰를 보여줬다.

한국 최초의 여성단체인 근우회(槿友會)의 조신성도 마찬가지다. 근우회는 1925년 신여성 교육을 받았던 조신성(趙信聖), 김활란(金活蘭), 임영신(任永信), 황신덕(黃信德) 여사가 조직한 단체이다. 일제 강점기 시절 문맹 여성에게 글을 가르치고 노동자와 농민의 권익 보호에 앞장서고 상하이 대한민국 임시정부와 광복군에 군자금을 지원하는 등 항일운동에도 힘썼다.

1950년대와 1960년대의 대표적인 여성정치인 박순천 국회의원과 1924년 니혼여자대학 3년 재학 중 조선일보사에 입사하여 한국 최초의 여기자가 된 최은희도 마찬가지다.

이밖에도 많은 사람들이 있다. 자식을 훌륭하게 키워낸 우리나라의 장한 어머니들이 그런 경우다.

특히 남편을 먼저 보내고 자식들을 훌륭하게 키워낸 장한 어머니의 경우 모진 인생역정이 숨어 있다. 억척스런 생활력과 자녀의 성공을 뒷바라지하는 모습은 여성성만으로는 어렵다. 강한 남성성이 필요하다.

여성성을 활용한
남성이 뜬다

연예계의 꽃미남 열풍은 어제 오늘의 일이 아니다. 시대에 따라 기준과 대상도 달라진다. 요즘 최고의 꽃미남이라면 〈왕의 남자〉의 이준기와 영화배우 조인성, 천정명을 뽑을 것이다. 팔등신 몸매의 꽃미남 이준기는 영화 〈왕의 남자〉에서 공길 역으로 한번에 슈퍼스타가 됐다.

꽃미남이란 남성이지만 여성성을 진하게 풍겨 그것이 오히려 장점으로 작용하여 널리 좋아하게 되는 사람을 말할 것이다.

월드컵을 전후하여서는 안정환을 비롯한 월드스타들이 꽃미남으로 등장한다. 최근 전 세계 소년들의 우상이었던 걸 밴드(girl band) '스파이스 걸스' 출신 빅토리아 베컴이 세계최고의 꽃미남 축구스타

데비이드 베컴을 남편으로 선택하여 아름답고 화려한 가정을 꾸민 것도 꽃미남 신드롬과 무관하지 않다. 축구선수 베컴은 내용면에서는 어떨지 모르지만 외관 면에서 자기분야에 여성성을 적절히 활용한 양성형 인재이다.

스포츠와 연예계의 경우 기본기에 만족해서는 경쟁시대에 개성을 표출하기 어렵다.

도시에 살고 있으면서 패션에 민감하고 외모에 관심이 많은 남자를 일컫는 메트로섹슈얼(Metrosexual)은 연예, 스포츠계를 장악했다. 메트로섹슈얼은 이미 유행의 필수 경쟁요소가 되었다. 프로페셔널을 원하는 세상에서 젊은 남자들이 경쟁에서 살아남기 위해 선택해야 할 필수적인 문화 아이콘일 수도 있다.

단순히 외모지상주의를 부추기고 남성들의 소비심리를 자극하는 마케팅 전략 이상인 남성과 여성이 서서히 닮아가는 양성형 인간의 새로운 패턴으로 발전하고 있다.

기업가 중에서는 안철수, 앙드레김을 그 예로 들 수 있다. 안철수연구소이사회 의장인 안철수는 신뢰경영, 믿음경영, 원칙경영으로 영혼이 있는 기업을 추구하고 있다. 진두지휘하는 장군형 스타일의 경영이 아닌 직원들이 일을 잘 할 수 있도록 뒷받침 해주는 어머니형 경영자다.

앙드레김은 패션 디자이너 업계의 대부다. 독특한 억양과 하얀색 의상만 즐겨 입는 특징 등은 가끔 코미디 프로그램의 좋은 소재가 되곤 하지만 패션의 불모지나 다름없던 1962년에 남성디자이너 1호로 우리들 곁에 등장했다.

외국의 경우 세계 최고의 소프트웨어 기업인 마이크로소프트(MS)의 빌 게이츠가 이에 해당된다.

그는 미국의 조그마한 벤처기업을 세계 최대의 회사로 키워낸 성공한 기업가이고, 세계 최고의 갑부다. 그렇지만 가장 많은 금액을 기부하는 자선사업가이다.

빌 게이츠는 2008년에 아름다운 은퇴 후 자신과 아내의 이름을 따서 만든 '빌 앤드 멜린다 게이츠' 재단을 위해 헌신하고 그 동안 벌었던 돈을 사회에 환원하는 데 남은 일생을 바치겠다고 선언하기도 했다. 에이즈와 말라리아 등 인류에 고통을 주고 있는 질병 치료를 위해 노력하겠다는 말도 잊지 않았다.

그밖에 청소년보호위원장을 지낸 강지원 변호사와 희망제작소 상임이사인 박원순 변호사, 문화예술 활동에 지원을 아끼지 않았던 고 박성용 금호아시아나그룹 명예회장, 파격과 독특한 시도를 선보여온 지휘자 금난새도 남성이지만 여성성을 쏟아낸 양성형 인물들이다.

최근 왕권식 경영을 해온 현대자동차 정몽구 회장이나 대우의 김우중 전 회장의 구속을 바라보면서 많은 생각을 하게 된다. 세계경영에 남성성뿐만 아니라 여성성을 적절히 활용했더라면 하는 아쉬움 때문이다.

살아남는 기업들은 다 이유가 있다

"나도 코디가 필요하다."

남성성 또는 여성성을 특히 강조하고 있을 때 자신의 이미지를 관리할 코디가 필요한 시대에 살고 있다.

원래 코디는 배우들의 의상과 화장을 때와 장소에 맞도록 도와주는 코디네이터라는 직종에서 나온 말이다. 코디가 필요한 분야라면 연예계가 될 것이나 이젠 다른 분야로 서서히 확산되고 있다.

가장 수요가 많은 곳이라면 정치인이나 선거후보들이다. 신문, 잡지, TV 등 미디어에 노출된 정치인들은 정책만으로 승부를 올인하지 않는다. 정책뿐만 아니라 풍기는 이미지, 내뱉는 공약, 순간적인 재치와 같은 감성적인 부분을 보강하기 위해 코디가 필요하다. 미용컨설

턴트, 의상컨설턴트, 유모컨설턴트, 감성멘트 컨설턴트 등 과거에는
이런 신종직종들이 선거 때 잠시 나타났다가 사라졌으나 이젠 기업
형태로 전문화되고 있다.

코디가 필요한 큰 시장인 각종 선거를 보면 흔히 알려져 있는 시
장·군수와 지방의원을 뽑는 4대 지방선거, 국회의원을 뽑는 총선,
대통령을 뽑는 대선, 사망이나 당선무효판결로 인한 보궐선거는 물론
이거니와 대학총장선거, 각종 민간단체장이나 관변단체장 선거와 같
이 헤아리기 힘들 정도로 종류도 많다.

코디를 활용하는 가장 큰 이유는 남성성 혹은 여성성을 보완하기
위해서라고도 볼 수 있다. 남성후보자의 경우 여성 유권자의 지지를
얻기 위해서 여성적인 부드러움으로 어필하고자 하는 것이며, 이와
반대로 여성후보 역시 남성 유권자들로부터 신뢰를 얻어내기 위해서
약한 이미지를 버리고 강한 모습으로 이미지 메이킹 하는 것이다.

기업에서도 마찬가지다. 장수기업은 무엇인가? 양성형 트랜드를
잘 갈아탔기 때문이다. 1차산업으로 시작한 기업들은 2차, 3차, 4차산
업으로 변화를 빠르게 읽고 변신해 나갔기 때문에 가능했다.

1차산업은 생물학적 성에 기반을 둔 남성성 또는 여성성이 확연히
구분되는 산업이었다.

농업, 수산업, 광업과 같은 1차산업이나 제조업과 같은 2차산업은
남성성이 필요로 하는 산업이다. 광업의 경우 인류 초기에는 철(鐵)을
누가 소유하는가가 패권을 결정한 시대도 있었다.

그러나 기술의 진화는 산업을 가만히 놓아두지 않았다. 남성성만

으로 시대변화를 따라잡을 수 없게 만들었기 때문이다. 생산에 치중되던 1, 2차 산업에 이어 상업, 금융 서비스 등의 3차 산업이 주류를 이루면서 이젠 새로운 4차, 5차산업의 모델을 창출하여 세계 흐름의 주도권을 놓고 한바탕 일전할 태세이다.

4차산업은 일명 지식산업이라고 불리는 정보·의료·교육서비스 산업 등의 지식집약형 산업이다. 인간의 필요(Need)에 초점을 맞춘 NT(나노기술), BT(바이오기술) 등 이른바 하이테크 산업이 4차산업의 대표주자다.

인간 감성에 포커스를 둔 명품, 웰빙, 취미, 오락, 패션, 판타지, 건강, 실버산업이 5차산업으로 등장해 새로운 고부가가치 창출의 주역으로 떠오르고 있다.

이 산업 모두 특허, 브랜드, 저작권 등 지식재산권을 바탕에 둔 무체재산의 형태를 띠고 있고, 남성성보다는 여성성 친화적인 산업임에 주목한다.

지식시대는 무형재산의 시대다. 무형재산의 창출은 고도의 지식과 기술, 예술적 창의력, 예지력, 모험심, 혁신경영 역량 등을 통하여 가능하다.

산업의 변화는 곧 인재의 자리바꿈을 말한다. 기업과 상품이 발 빠르게 재편되는 흐름에는 양성형의 인재가 수면 아래에서 오리발처럼 부지런히 움직여 주었기 때문에 가능했다.

국가홍보도
양성형 마케팅을 닮아간다

홍보대사.

언제부턴가 우리사회에 홍보대사가 늘어가고 있다. 홍보대사를 필요로 하는 곳은 대부분 비영리 단체다. 열악한 재정으로 돈을 들여 홍보할 엄두를 못내는 단체나 공익성이 강한 정부기관들이 주로 활용했다.

하지만 요즘은 꼭 그렇지만은 않다. 대학의 브랜드를 높이기 위한 홍보대사, 지방의 농수산물 판매촉진을 위한 홍보대사, 해수욕장이나 관광지를 알리기 위한 홍보대사 등 다양한 분야에서 비영리와 영리를 가리지 않고 활용한다.

그럼 왜 홍보대사를 내세울까? 바로 정책이나 사업효과를 높이고,

대중적인 참여와 관심을 유발하기 위해서다. 인기연예인이나 저명인 사의 일거수 일투족은 언론의 주목을 받을 수 있기 때문이다.

홍보대사를 많이 적절히 활용하는 분야라면 역시 국가기관일 것이다. 국가기관은 경직된 이미지와 부정적인 이미지를 떠올리기 쉽기때문에 소위 남성성과 여성성의 혼합이 필요한 분야이다.

특히 민간기업의 경우, 홍보가 필요하면 몸값을 주고 CF를 찍겠지만 국가기관은 그렇지 못하다. 홍보예산은 국회에 승인을 받아야 하기 때문 1~2년의 예측이 필요하고, 설령 예측했더라도 설득하는 일은 쉽지 않다. 그래서 홍보대사는 행정에 양성형 인재활용과 비용절감 측면에서 유용한 방법이다.

구체적인 예를 보자.

중앙선거관리위원회는 얼마전 끝난 지방 4대선거에 홍보대사로 일찌감치 인기 스타 김주혁, 문근영, 가수 비, 장나라와 함께 홍명보 국가대표축구팀 코치를 임명하였다. 투표에 관심이 적은 젊은 층을 비롯해 선거의 중요성을 알리기 위해서다. 장나라는 투표를 위해 중국에서 바쁜 일정에 짬을 내어 급거 귀국하기도 했다.

한류엑스포조직위원회는 '한류엑스포 2006 제주'를 주최하고 제주도가 후원하는 행사에 한류스타인 배용준, 이영애를 홍보대사로 위촉했다.

청춘 시트콤 〈논스톱5〉에 출연했던 탤런트 홍수아가 제3회 대한민국 국제청소년영화제(KIYFF)의 홍보대사로 위촉되기도 했다.

배우 이동건과 강정화도 국가청소년위원회의 청소년 홍보대사로 임명됐다. 청소년에 대한 깊은 애정과 그동안 보여주었던 모범적인 연예인 활동을 높게 평가 받았기 때문이다.

보건복지부는 '세계 금연의 날'을 맞아 가수 세븐, 탤런트 김지우를 연예인 홍보대사에 위촉하여 청소년 흡연예방과 금연분위기 조성을 한다.

공정거래위원회는 최연소 국제심판인 홍은아를 '홍보대사'로 위촉했다. 그녀의 친근한 이미지를 부각시켜 월드컵 축구에 대한 일반의 관심을 위원회 업무로 연결시켜 공정한 시장 경쟁문화를 선양한다는 것이 홍보 전략이다.

탤런트 박은혜와 오지호도 소외된 이웃들을 위해 정보통신부가 발족시킨 '따뜻한 디지털 봉사단'의 홍보대사로 임명됐다.

사회단체에서 활동하고 있는 홍보대사도 많다. 윤정수는 SBS의 '긴급출동 SOS 24' 진행자로서 가정폭력에 고통받는 피해자를 상담하고 지원하는 활동을 통해 가정폭력의 심각성을 잘 알고 있어 여성인권단체인 한국여성의전화연합의 '가정폭력 추방 홍보대사'로 위촉됐다.

청각장애를 앓고 있는 개그맨 출신 뮤지컬 연출자 백재현은 청각장애 후원단체인 '사랑의 달팽이' 홍보대사로 위촉됐다.

방송인 최유라는 서울대교구 생명위원회 홍보대사로, 정다빈은 '북한 어린이 돕기' 어린이 홍보대사로 위촉 받았다.

2006 서울 세계도서관정보대회 조직위원회는 탤런트 박상원을 대회 홍보대사로 위촉했다. 이지적이고 신뢰감을 주는 연기활동을 해왔

을 뿐만 아니라, 사회공익활동에 활발히 앞장서 온 점을 홍보대사 위촉 이유로 들었다.

국제적인 홍보대사도 있다. 이병헌은 프랑스 문화홍보대사로 위촉되었고, 필리핀에서 한류스타로 각광받고 있는 가수이자 탤런트 유진은 필리핀의 관광홍보대사로 임명되었다.

프랑스의 세계적 요리학교인 '르 코르동 블루' 의 앙드레 쿠앵트로 회장은 김치 홍보대사' 이다.

홍보대사직은 명예직일 수 있다. 하지만 홍보대사의 친근하고 때로는 강한 이미지는 조직에서 부족한 2%의 남성성 또는 여성성 이미지를 보완할 수 있는 양성형 조직으로 한걸음 다가가는 방법이 될 수 있음은 틀림없어 보인다.

이성(異性)처럼 생각하고
그들처럼 행동하라

장관이나 처장, 청장 같은 52개 정부기관장 중에서 여성은 몇 명일까?

정권에 따라 차이가 있으나 2~3명 정도다. 여성가족부는 여성장관의 배출구이고 환경부나 보건복지부 등에 가끔 기용된다.

관료의 꽃이라는 1급부터 행정고시로 합격하면 임용되는 5급까지 관리직 여성공무원은 어떤가? 중앙부처의 경우 8.4% 정도다. 1년에 1% 정도 높아지니 20년이 지나야 30% 정도 기대할 수 있다.

국회의원은 어떤가? 지역구가 아닌 비례대표에 50% 여성쿼터제가 강제로 시행된 결과, 여성 국회의원 비율이 5%대에서 13%대로 올렸다.

여성 CEO는 어떤가? 우리나라 20개 주요 그룹의 인력구조를 분석한 결과 평사원 중 여성이 29%이며 전체 여성비율은 19%에 이르지만 부장, 임원급에서는 1%도 안되는 여성 비율을 나타내고 있다.

코스닥상장 법인협의회에 따르면 상장법인 중 여성이 최고경영자(CEO)를 맡고 있는 기업은 총 등록법인 918개 중 1.19%에 해당하는 11개로 조사됐다.

유럽은 어떨까? EU집행위의 '2006 양성평등 보고서'에 의하면 '양성평등 선진국'들이 모여 있는 유럽연합(EU) 내에서도 임금과 고위직 진출 등에 있어 성별에 따른 불평등이 여전하여 대기업의 최고경영자(CEO) 중 3%와 이사회 멤버 중 10%만이 여성이다.

최근 영국의 한 보고서는 여성과 남성의 완전한 임금평등을 이루기 위해서는 150년 후에나 가능할 것이라는 연구 결과를 내놓았다.

크고 작은 차이는 있으나 여성의 지위는 아직까지도 잰 걸음을 하고 있음을 보여준다.

2004년 미국의 100대 기업 중 여성 CEO는 고작 7명이었다. 여성에 개방적이라는 다국적 기업인 듀폰코리아의 여성 임원도 전체 32명 중 2명으로서 6.3%에 불과하다.

물론 중간 허리층에 여성들이 많이 진출하여 앞으로의 판도에는 많은 변화가 예상되지만 현재상황을 보면 그다지 큰 기대를 걸기 어렵다. 아직까지 여성은 우리사회의 대표적인 마이너리티 그룹임을 말해준다.

일반적으로 사회적 약자는 정면 승부로는 절대로 강자를 이길 수 없다. 자유경쟁 체제하에서는 시장은 전장과 마찬가지이기 때문이다.

승자만이 시장에서 살아남을 수 있고 시장은 기본적으로 힘의 원리가 작용한다. 큰 물고기가 작은 물고기를 잡아먹고, 대기업은 중소기업을 이긴다. 그래서 약자는 힘이 비등해질 때까지 전면전을 감행한다면 실패할 확률이 커진다. 엄청난 화력(비용)과 희생이 동반되기 때문이다. 공격을 위해서는 상대보다 3배의 전력이 필요하지만 방어는 3분의 1의 전력으로도 충분하다는 〈손자병법〉의 전략을 되새길 필요가 있다.

그럼 왜 여성들의 상위직 진출이 낮은 것일까? 여성계가 목청을 높이고 있는 여성차별인가, 아니면 미세한 남녀간의 생물학적 차이로 인한 산물일까?

여기에는 2가지로 나누어 생각해 볼 수 있다. 첫째 남성호르몬과 여성호르몬의 차이를 들 수 있다.남성은 성공, 주장, 공격, 경쟁, 모험과 같은 특징을 갖는다. 성공에 대한 강한 인자를 갖고 있다고 생각하면 된다. 반면 여성은 정서, 감정, 조화, 가정, 사랑과 같은 특징을 보인다.

CEO에게 필요한 호르몬이 무엇인지 감을 잡았을 것이다. CEO는 남성성을 많이 보유한 사람이 유리한 것이다. 치열한 경쟁과 노력이 필요한 직위의 특성상 여성성의 특징이 힘을 받기 힘들기 때문이다.

남성들은 조직내 성공을 위해서 학연이나 지연을 이용하여 중요한 정보를 공유하고 친분관계를 형성하여 결정적일 때 내편이 된다.

이에 비해 여성은 어떠한가? 여성은 자기업무에는 철저하지만 타부서나 외부와의 네트워크를 구축하거나 경영전반을 조망하고 판단을 내리는 일에는 불리하다. 물론 여성과 남성으로 칼로 두부 자르듯이 획정하려는 것은 위험하다.

남성도 여성호르몬을 많이 가지고 태어나는 사람이 있는 반면 여장부처럼 여성도 남성호르몬을 많이 가지고 태어난 사람이 있다.

그러면 여성에게 CEO는 무덤인가? 그렇지 않다. 여성이 남성성을 적절히 활용할 경우 CEO가 될 수 있다. 실제로 소수지만 여성 CEO들이 맹활약하고 있기도 하다.

MBC가 한국여성경제인연합회와 공동으로 98주년 세계 여성의 날(2006. 3. 8)을 맞이해 22개국 여성 CEO 124명을 대상으로 실시한 설문조사 결과를 보자.

여성 CEO들은 사업에서 성공한 주요한 요인으로 소비자의 욕구를 판단하는 능력, 역경을 이겨내는 의지, 미래에 대한 사업 비전, 아이디어를 현실로 바꾸는 열정, 유연한 사고, 조직화합적 리더십 순을 꼽았다.

또 여성 CEO들이 겪는 가장 큰 어려움으로 남성 위주의 업계에서 네트워크의 부재, 가사와 자녀 양육 병행의 어려움, 공공기관·금융기관 등에서 무시, 사회적 편견, 남성 중심의 접대 문화 순이다.

세계 최고의 CEO(최고경영자) 사관학교라 불리는 미국 GE 크로톤빌 연수원 코코란 원장이 말하는 리더가 갖추어야 할 덕목으로 4가지를 꼽는다. 고객에 대한 열정, 약속을 지킬 수 있는 능력, 풍부한 상상력, 충분한 전문지식이다.

성공요인을 가만히 들여다보면 판단력, 강한 의지, 경영비전, 열정, 전문성과 같은 남성형 성향을 먼저 지목하는 것을 볼 수 있다.

둘째는 두뇌의 차이다. 남성은 좌뇌가 발달한 반면, 여성은 우뇌가 발달해 있다. 여성이 직감에 발달해 있는 것도 우뇌의 영향이다. 여성은 타인의 마음을 읽거나 관계지향적이어서 남자가 한마디로 족할 이야기를 백마디로 풀어서 한다.

〈다빈치 코드〉 열풍이 불면서 전 세계적으로 '레오나르도 다빈치'에 대한 관심이 높은 것은 그의 천재성일 것이다. 다빈치는 회화, 조각 등 창조성을 담당하는 우뇌와 수학, 과학 등 논리력을 맡고 있는 좌뇌가 모두 발달한 인물로 유명하다.

좌뇌와 우뇌를 골고루 발달시키는 것은 학습 능력뿐 아니라 건강에도 좋은 영향을 미친다. 좌뇌가 남성형의 성향을 많이 보이는 것도 남성이 성공할 수 있는 유리한 조건이다.

그렇다면 어릴 적부터 양성형 인재로 키워야 할까? 꼭 그렇지 않다. 어릴 때는 본능에 충실한 아프고 배고프고 졸리고 용무를 보고 하는 것들이 어리면 어릴수록 본능에 의존하게 된다.

어릴적부터 양성형 인재로 키울 경우 성적 정체성에 혼란을 가져온다.

정서적인 돌봄이 필요한 성장시기에 지나치게 특정 성품을 억누를 경우 정서상 좋지 않을 수 있다는 말이 된다. 본능을 어느 정도 컨트롤 할 수 있을 때가 적합하다.

2부.

지금, 우리는 양성형 시대로 가고 있다

Chapter 4. 여성파워는 양성형 인재시대의 예고편

여성의 힘이 커질수록, 양성형 시대는 가속화 된다

남성에 도전하는 여성
여성에 도전하는 남성

우리 사회는 '보이지 않는 유리천장' 에 둘러 싸여 있다.

유리천장(Glass Ceiling)이란 눈으로 보기에는 아무 장벽이 없이 투명해 보이지만, 막상 올라가려면 현실적으로 천장이 유리벽으로 막혀 있어 오를 수 없는 현상을 말한다.

유리천장은 능력과 업적에 관계없이 여성이나 소수민족이 고위직이나 관리직에 오르는 것을 막고 있는 보이지 않는 인위적 장벽(invisible artificial barriers)을 지칭할 때 쓴다.

1986년에 〈월 스트리트 저널(Wall Street Journal)〉에서 처음 사용한 이후 일반화된 것으로 직장에서는 주로 여성의 관리직(정책결정) 진출의 어려움을 나타내 주는 용어로서 사용되고 있다.

미국 연방정부에는 1989년 공식기구로 '연방정부 유리천장 위원회'가 구성하면서 이 용어는 널리 알려지게 되었다.

사실 아무리 법령이나 제도가 잘 완비되어 있어도 보이지 않는 불공정과 사회적 차별관행이 계속된다면 더 높은 자리로 올라가는 것은 어렵게 된다. 그러나 이제 우리는 여성은 여성의 유리천장을, 또 남성은 남성의 유리천장을 서로 공존하며 깨나가는 사회를 지향하고 있다.

영광스러운 세계 최고의 위치에 먼저 올라가는 사람은 남성인가? 아니면 여성인가?

세계 최고의 요리사, 세계 최고의 디자이너, 세계 최고의 미용사, 이 분야들은 전통적으로 여성의 영역에 속하지만 아이러니컬 하게도 남성들이 그 자리를 차지하고 있다. 여성들로서는 아마 자존심 상하는 이야기가 될 수 있겠지만 어쨌거나 남성들에게 정상의 자리를 내어주고 있다.

남성에게 숨어있는 여성성을 적극적으로 활용한 양성형 인재이기 때문에 가능했다. 이제 더 이상의 벽은 웰 젠더(well-gender) 시대에 유효하지 않은 것이다.

상대의 영역에 진출하는 것은 여성도 마찬가지다. 전통적으로 남성의 영역으로 여겨왔던 엔지니어링, 건설 분야 등에서도 여성들은 능력과 전문성을 발휘하고 있다.

사회적인 역할에서도 남녀의 구분이 크게 변화하고 있다. 대학 진학 시 아동학과나 식품영양학과, 의류학과와 같이 전통적으로 여성들이 많이 입학하던 학과에도 이젠 남성들의 지원이 늘고 있다.

보험 설계사도 과거 같으면 여성들이 직장과 가정을 방문하여 고객을 유치하는 것이 거의 대다수였지만, 이제 남성 보험설계사가 여성들을 제치고 보험 왕을 차지한다. 또 많은 유명한 패션 디자이너나 헤어 디자이너의 명단에도 남성이 빠지는 일이 없다.

부동산 공인 중개업의 경우도 과거 남성중심이었으나 이젠 여성 중심으로 바뀌고 있다. 꼼꼼하고 정직하여 부동산을 찾는 고객들에게 호감을 사고 있기 때문이다.

다정다감하면서도 아이들 놀이를 잘 이끌어주는 남성 보육교사의 경우, 기존 사고방식으로는 여전히 새롭지만 유치원에서 인기 있다는 이야기도 종종 들을 수 있다. 여성 보육교사뿐인 유치원은 아이들이 여성성에 편향될 수 있을 것이다. 그런 점을 보완하기 위해 남성 보육교사가 많아져 남성성을 함께 배우는 것이 바람직한 유아교육이라 할 수 있을 것이다.

최근 초등학교 교사는 거의 여성의 비율이 80~90%에 이른다는 언론보도를 볼 수 있으나, 남초현상이 벌어지는 곳은 여성 진입이 쉽도록 하고 반대로 여초현상이 심화되고 있는 분야는 남성의 진입을 쉽게 해야 한다. 특히 그 분야가 2세들의 교육을 담당하는 분야라면 더욱 그렇다.

여성들이 육·해·공군과 경찰분야에 영역을 넓히고 있고, 영화감독, 철도기관사, 외환딜러, 기업컨설팅 전문가, 프로기사, 축구심판, 최고경영자(CEO), 매인 뉴스진행자, 포크레인기사, 판검사, 외교관,

의료·과학 등 비교적 여성진입이 쉽게 허용되지 않는 많은 분야에 금녀구역이 무너졌다.

이제 금남, 금녀의 구역은 사라져 가고 있다. 오히려 이런 구역은 초기에는 희소가치로 인해 다른 성보다 경쟁력 있어 보인다.

직업을 구해야 하는 모든 여성과 남성이여, 금남과 금녀의 문을 두 들겨 보아라! 희소성 가치와 함께 브랜드 가치가 점점 높아갈 것이다.

여성들이 배워야 할 웰 젠더

1. 여성 스스로 프로의식을 가져라.

사회 관습상 뿌리 깊게 박혀 있는 여성에 대한 편견들은 남성들뿐만 아니라 여성들 스스로 매여있는 의식의 굴레로 작용한다. 여성은 보호받아야 한다는 의식에서 탈피하고, 남성들은 여성보다 우월하다는 의식을 버림으로써 평등한 관계를 유지할 수 있다.

따라서 자신감 고취와 프로의식을 강화하기 위한 극기훈련이나 리더십, 경력개발, 네트워크 관리, 조직관리기술과 같은 전문 프로그램에 적극 참여하여 프로에 한걸음 다가서야 겠다.

또한 제도나 정책이 여성을 배려해 주기 바라는 소극적 자세에서 벗어나 여성 스스로 남성과 동등하게 경쟁해서 이겨낼 수 있는 노력이 중요하다. 다급하게 사람을 써야 할 때에 상사나 CEO들은 왜 남성을 선호하는지 역으로 생각해 보면 답이 나올 것 같다.

2. 세계와 함께 호흡하라.

세계는 눈에 보이는 것이든 눈에 보이지 않는 것이든 글로벌 스탠더드가 있다. 국제 무대에서 우리식으로 했다간 참패하기 십상이다. 우리의 생각과 행동을 세계의 문명과 흐름에 맞추어야 앞서나갈 수 있다.

1959년에서 1990년까지 싱가포르 수상을 지내며 싱가포르의 번영을 주도한 리광유 전 수상은 싱가포르 경제발전의 비결에 대해 2가지로 답했다.

"우리는 결코 학습을 멈추지 않았다.", "우리는 세계와 호흡을 같이 한다."

3. 나쁜 남성문화를 따라가지 말라.

여성들이 그 분야의 최고가 되기 위해서는 상대 파트너인 남성을 따라잡지 않으면 안된다. 특히 여성은 후발주자로서 남성보다 2~3배의 노력을 기울여야만 인정받을 수 있다.

그렇다고 남성들이 성공하기 위해 감수했던 나쁜 문화를 따라한다면 진정한 성공자가 아닐 것이다.

여성성 특유의 장점을 발휘하여 조직문화를 선도해야 한다. 불필요한 시간외 근무, 회식문화, 경직되고 수직적인 조직문화를 극복하는 데 멘토의 역할을 해야 한다.

여성속에 있는 남성성의 장점을 과감하게 받아들이되 기존의 나쁜 남성문화는 답습하지 말고 새로운 조직문화를 만들어 가야 겠다.

4. 멘토링(mentoring)을 만들고 키워라.

멘토링이란 후견인 제도로 그리스 신화에서 유래되었다. 멘토(mentor)는 오디세우스가 트로이 전쟁에 나가면서 아들을 맡긴 선생의 이름이다. 그는 10년 넘게 오디세우스 아들의 스승이자 부모역할을 했다.

여성들은 길이 나 있지 않는 곳을 가야 하는 경우가 많다. 안내자가 있으면 좋으련만 쉽지 않은 것이 현실이기도 하다.

길을 잃어 버렸을 때나 어려움에 처할 때 조언하고 방향을 지적해 줄 수 있는 멘토링을 만들어야 한다. 또한 인생선배로서 직장상사로서 소중한 경험과 지식을 쏟아 부을 수 있는 후배도 키워야 한다.

5. 슈퍼우먼이 되지 말라.

여성이 중도에 포기하는 이유 중에 하나가 가사의 과중한 부담이다. 일부 여성들은 직장과 가정을 모두 만족시키기 위해 슈퍼우먼처럼 활약하다가 자신의 역량을 소진하여 낙마하는 경우를 본다.

슈퍼우먼이란 여성이 가지고 있는 능력에 관계없이 직장인, 주부, 어머니, 아내, 며느리라는 서로 상충되는 역할을 완벽하게 하는 사람을 말한다.

여성이 모든 분야와 역할을 잘 해낸다는 것은 칭찬 받아야 마땅하지만 자발적 동기에 의해 유발된 것이 아니라 사회적 역할강제에 의한 것일 경우에는 대부분 심각한 갈등을 겪기 때문에 슬기롭게 극복하는 것이 중요하다.

직장에 다니는 여성들은 가정에서 당당히 자기의 목소리를 낼 줄 아는 현명한 여성이 되어야 한다.

필요하다면 다른 사람의 요구를 거절할 줄도 알고, 가족이나 주위사람들에게 필요한 부분을 요구하거나 설득시켜야 겠다.

가사는 합리적으로 가족구성원과 서로 분담하여 양을 줄이고, 필요한 부문은 용역으로 대체하면서 직장과 가정을 양립할 수 있도록 균형있는 생활이 필요하다.

6. 감성권력을 길러라.

직장이나 사회 모두 결코 여성들에게 공정하지 않다. 물론 이 점은 남성들에게도 마찬가지나 소수자인 여성에게 더 큰 영향을 미친다. 성공자의 공통적인 특징과 충고는 '성공하기 위해서는 실력을 갖추라' 는 것이다. 능숙한 업무처리 능력은 성공의 필수조건이다. 실력은 공정하지 못한 것을 공정하게 바꿀 수 있다.

하지만 남성에 비해 여성은 공통된 약점이 있다. '여성들은 오로지 열심히 일하는 것밖에 모른다.'라는 말처럼 앞만 보고 일하다보면 옆과 뒤에서 무슨 일이 벌어지고 주위 동료나 상사의 정보나 움직임에 어두울 수 있다.

예컨대 새로운 상사를 만나면 최소한 몇 개월간은 어느 정도 신뢰관계가 형성될 때까지 자신을 낮추고 상사에게 최대한 맞추어야 한다. 직장내 정치학의 법칙인 '권력 감성(power sensitivity)' 을 길러야 한다.

여자는 더이상 남자에게
매달리지 않는다

'바다에 나갈 때는 한 번 기도하고 전쟁에 나갈 때는 두 번 기도하고 결혼하기 전에는 세 번 기도하라.' 라는 말이 있다. 결혼은 인생을 좌우할 만큼 중요하기 때문에 신중하라는 말일 것이다.

요즘 중년 남성들이 이사 갈 때 벌어지는 에피소드 한가지. 바로 이사 갈 때 부인이 데리고 가지 않을까 걱정되어 이삿짐 실은 차에 부인이 좋아하는 애완견을 안고 폴짝, 먼저 올라탄다는 것이다. 한동안 세간의 조크로 회자되었지만 오늘날의 남성 위기감을 잘 대변해주는 것 같아 한편으론 씁쓸하다.

남자와 여자가 결혼하면 당면해야 할 과제들이 많다. 결혼생활은 어떻게 해야 되며, 부부간의 대화기술이나 다투었을 때 어떻게 풀어야 하는지, 애기가 울 때는 왜 우는지 어떻게 달래야 하는지, 자녀교육은 어떤 철학을 가지고 키워야 하는지, 처가의 부모형제와는 어떻게 관계를 유지해야 하는지 등. 결혼은 한 개인에게 있어 매우 중요한 생활의 변혁기인 동시에, 자기 자신의 많은 부분을 변화시켜 새 환경에 적응해 나가야 하는 또 하나의 도전무대다.

어느 기독교 단체에서 운영하는 교실이 있다. 남편으로서 아버지로서 다시금 자신을 돌아보게 하는 일종의 학교다. 그곳은 자기반성과 가족들에 대한 약속을 통해 새롭게 신뢰감을 회복하는 코스로 알려져 있다.

이것은 남성의 위치에서 저질러온 잘못된 관행들을 스스로 시인하고, 아내와 가족에게 사랑받는 남성으로 인정받고자 하는 자아비판이자 기득권처럼 누려왔던 자아의 위치를 포기한다는 의지이다. 그만큼 남성들이 여성들에게 충실하고 성실해야 한다는 반증이다.

요즘 남성들은 능력주의나 발탁주의 등으로 비정한 생존경쟁과 비인격적인 상사 밑에서 작아지고 움츠러드는 반면에 과거에는 생계 걱정으로 이혼을 생각치도 못했던 여성들은 사회활동이 늘어나고 경제력이 확보되면서 걸핏하면 '당신 없이도 살 수 있다' 고 협박(?)한다. 결혼을 하게 되면 흰머리가 될 때까지 무조건 같이 사는 것이 아니라, 상대방 없이도 독자적으로 살 수 있다는 인식이 한편에서는 늘어나고 있는 것이다.

일본에서는 황혼 이혼이 급증하자 이혼 학교까지 생겨나고 이혼을

앞두고 있거나 이혼을 한 부부들에게 상담해 주는 사업도 증가하고
있다.

여성들은 왜 이혼을 택할까? 이제 홀로되는 '위험을 감수' 하는 것
보다는 여성으로서 자신의 권리와 정체성을 찾는 독립적인 삶 자체를
찾는 것을 스스로 선택하고 있기 때문인 것일지 모른다.

과거에는 백년해로라 해서 미우나 고우나 한평생을 같이 하는 것
이 당연한 것으로 생각하였고 다분히 강요되었지만 이제는 그 동안
권위적이고 가부장적인 남성중심의 가정질서에 대응하여 이혼을 통
해서라도 여생을 주체적이고 인간답게 살고자 하는 강한 욕구가 표출
되고 있다.

'이혼하면, 여자만 손해다.' 라는 말은 이미 옛말이 되었다.

솔로라이프, 백마 탄
왕자를 기다리지 않는다

싱글로 사는 사람이 늘어남에 따라 267만 가구(2005년)의 솔로 산업도 쾌속 성장하고 있다. 이들은 더 이상 사회의 눈총을 받는 계층이 아니라 소비력을 바탕으로 사회·경제적 트랜드를 이끌어 가는 영향력 있는 집단으로 자리매김하고 있다.

20~30대 싱글족은 약 100만 명 가량으로 이들이 경제에 미치는 파급효과와 이들이 창출해 낸 시장의 규모는 가공할 만하다.

온라인 시장을 살펴보자. 온라인 쪽은 싱글족을 타켓으로 한 쇼핑몰의 아이디어 상품덕에 매출이 급등하고 있다. 싱글족의 구매성향 덕분이다. 외출하는 것도 귀찮고, 혼자서 쇼핑몰을 순회하는 것도 처량해 보일 수 있어 온라인에 능숙한 싱글족은 모든 물품을 집에서 구매하기 때문이다.

부동산시장에서는 싱글족 덕분에 오피스텔이나 원룸형 아파트의 경우 청약 경쟁률이 매우 높아졌다. 소형 TV나 냉장고 등 싱글족 전용 가전시장도 활기를 띠고 있다. 직장 생활을 하는 독신자들을 위해 장을 대신 봐주는 쇼핑대행업도 꾸준한 성장세를 보이고 있다. 싱글용 먹거리까지도 등장했다. 한 끼를 먹을 만한 1인분 짜리 찌게거리, 해물탕 한 그릇, 조기조림 완성품 등 간편하게 먹을 수 있는 일회용 품목의 시장이 더 커지고 있다.

미국의 시사 주간지 〈타임〉을 보면 지난 1999년 가정용 제품의 50%가 미혼이나 독신 여성들에 의해 소화되었고 독신 여성의 60%가 자택을 소유하고 있으며, 이들에 의해 전체 주택 매매의 20%가 이루어진다고 밝힌 바 있다. 이 모든 산업현상이 솔로족 때문에 잠재력 있는 벤처 산업으로 급부상하고 있는 것이다.

싱글족들은 남성과 여성중 어느 쪽이 더 많을 것인가 하는 문제는 중요하지 않다. 다만 결혼없이 솔로로 사는 삶을 선택하는 사람들의 숫자가 늘어나고 있다는 사실이 중요하다.

싱글족은 우리 사회가 점점 더 개인주의를 향해 행진하고 있음을 알려주는 신호등이다. 또한 이와 더불어 남성과 여성 공통적으로 상대 성(性)으로부터 자유로워지고 있음을 의미한다.

결국, 이러한 과정은 이미 사람들의 의식이 오랜 사회적 관습이나 제도로부터 탈피해 있음을 보여주는 것이며, 앞으로 다가올 큰 문화적 지각변동을 예고하는 양성화 현상 중의 하나이다.

출산보다
출세를 꿈꾸는 여성

옥스퍼드사전에는 피임을 20세기 최고의 발명품
이라고 기록하고 있을 정도로 당시 피임의 발명은 혁명적인 사건이
었다.

여성해방을 불러온 것은 여성들의 사회적 진출과 참정권 획득의
결과이기도 하지만 1960년대부터 일반화되기 시작한 피임법의 획득
이 무엇보다도 가장 중요한 역할을 했기 때문이다.

그때나 지금이나 여성의 몸은 출산과 양육기능을 갖고 있어 사회
진출에 억압적인 굴레로 작용하고 있지만, 피임법의 보급으로 스스로
결정권을 가지면서 시기도 맞추어 나갈 수도 있어 여성의 사회진출에
절대적인 구세주 역할을 하고 있는 것이다.

뭐니 뭐니 해도 여성들을 위한 피임의 선구자에 선 여성은 미국의 마거릿 생어(Margaret Sanger, 1883~1966)이다. 생어는 가난한 가정에서 11자녀 중 딸로 태어났는데 어머니에 대한 기억은 언제나 임신 중이거나 아이를 돌보는 모습이었다.

생어는 어릴 적부터 어머니를 통하여 잦은 임신과 출산이 여성에게 미치는 영향과 폐해를 보고 자랐다. 또 하나의 계기가 된 것이 있다. 자녀를 7명 둔 흑인여성이 찾아와 생활형편상 더 이상 아이를 갖기 어려우니 피임법을 가르쳐 달라는 것이었다. 생어는 당시 피임법을 전하는 것은 불법이어서 가르쳐 줄 수 없음을 이해달라고 말하고 거절하였다.

그런데 몇 달 후 그 흑인여성이 죽었다는 이야기를 들었다. 옷걸이를 자궁 속에 넣어서 낙태하려다가 잘못된 것이 원인이었다.

그 후 임신과 출산으로 인해 빈민 여성들이 건강에 미치는 나쁜 영향을 보아온 생어는 간호사가 된 후 '피임법의 전도사' 로 활약하게 되었다.

생어는 '출산의 자유를 갖지 못하는 한 여성은 자유롭지 못하다' 는 신념을 갖고 '피임(birth control)' 이라는 말을 만들고 일생동안 여성들을 위한 피임정보 전달, 피임법 교육 등을 위해 헌신하였다.

생어가 당시 각 가정에 배포하던 피임법 설명 책자는 음란서적에 해당되어 음란서적 유포혐의로 체포·구금되는 등 여성들에게 피임법을 전파하기 위한 노력은 온갖 모욕과 박해로 되돌아 왔다.

하지만 오늘날 생어가 세운 '가족계획연맹' 은 전 세계적인 망을 구성하여 여성들의 피임은 물론 임신과 출산에 관련된 정보와 서비스를 제공하고 있다. 출산의 조절은 여성의 사회참여를 확대시키고 권익을 획기적으로 높이는 역할을 했음이 분명하다.

피임은 자녀출산을 낮춤으로서 여성고유의 여성성을 약화시키는 반면, 사회활동에 더 많은 기회를 얻게 되면서 여성의 양성성을 확장시키는 역할을 했다.

베이비스트라이크는
주부노조의 총파업이다

"**아이가 태어나면** 좋은 결혼도 균형을 잃고 불평등해질 것이다. 아이를 양육하는 노동에서 남편과 동등해져야 여성의 자존이 지켜질 수 있다."

세계적인 여성 운동가인 글로리아 스타이넘의 말이다. 스타이넘은 남자다워야 한다는 사회적 통념 때문에 남성들이 아이를 돌볼 권리를 뺏기고 있다며 현재의 사회가 남성성을 과도하게 강조하고 있다고 비판한다. 폭력이나 스피드 같은 남성다움을 강조하는 사회적 분위기 탓에 남자들이 무차별적인 살인과 테러를 저지르고 있다고도 말한다.

스타이넘의 말처럼 실제 모든 여성이 아이를 안 낳겠다고 출산 파업(베이비 스트라이크)을 한다면 어떻게 될까?

국가 차원의 노동력 수급에 부정적인 영향을 미치고 빠른 속도로 고령 사회로 진입하게 되어 부양비 부담이 증가되며, 무엇보다 그 사회는 활력을 잃게 되고 국가의 미래는 불투명해질 것이다.

현재 일본의 심각한 문제도 바로 소자화(少子化) 문제인데 정치·경제·사회 등 모든 부문에서 국가 계획을 마련할 때 이 소자화 문제를 어떻게 해결할 것인지 적어도 한 꼭지 이상은 추진전략을 내놓을 정도이다. 이에 따라 국가적인 차원에서 여성들이 직장과 자녀 양육이 병행될 수 있도록 여러 가지 사회복지 혜택을 쏟아 내고 있다.

서구는 이런 문제를 앞서 겪었기 때문에 가족친화적인 정책을 통해 출산과 보육에 유리한 환경을 조성해 줌으로써 출산율이 증가하고 있다.

몇년 전 프랑스의 최고 훈장인 '레지옹 도뇌르 훈장'의 수훈자 협회 회장단을 만난 적이 있다. 우리나라 훈장 체계와는 달라 획일적으로 비교하는 것은 어려우나 '레지옹 도뇌르 훈장'의 5등급 중 1등급 훈장일 경우 우리나라 최고 훈장인 무궁화대훈장에 해당된다.

프랑스는 19세기와 20세기에 걸쳐 많은 전쟁을 치렀다. 전쟁은 다 그렇듯이 군인을 포함한 많은 선량한 국민들의 생명을 앗아갔다. 인구의 감소는 국력의 저하를 가져와 나라 운명을 위태롭게 함은 당연한 일이다. 그래서 인구 증가를 위한 유인책으로 일정 자녀를 낳은 국민에게 국가에서 훈장을 수여한 적이 있다고 한다.

인구의 많고 적음이 국력과 직결되기 때문에 강력한 출산 유인책이 필요했던 것이다. 사실 그 동안에는 공적 영역은 남성이, 사적 영역은 여성이 맡는 남성성 위주의 문화였다. 여성이 가정 이외의 직업을 가지면 '집에서 밥이나 잘할 것이지' 아니면 '남편이 얼마나 못났으면 마누라에게 일을 시킬까' 라는 비난이 돌아왔다.

전통적으로 남성에게는 적극적·능동적·지배적·주도적이기를 요구하고, 여성에게는 수동적·소극적·순응적·의존적일 것을 요구해 왔다.

남성은 감정보다는 행동에, 여성은 가사나 양육, 교육에 중점을 두었다. 즉 남성은 전통적인 남성성을 더 발휘하고 역할을 넓히는 데 안간힘을 쓰고, 여성은 전통적인 여성성을 운명처럼 더 지키려고 했다. 그래야만 사회와 가정이 모두 이상적인 궁합이라고 생각했다.

'여자는 바깥일, 남자는 집안일' 이라는 퓨전가사, 성역할의 분업은 이제 변화의 물결을 타고 있다. 여성들이 사회 활동을 통하여 경제적 역할을 부담하는 반면, 남편은 집안에서 아기가 건강하게 자랄 수 있도록 전업 주부로서 역할을 분담한다.

사실 남성들은 여성들이 결혼 후 집안에 들어앉기보다는 경제적 능력과 성적, 문화적 감각을 갖춘 여성으로 남길 원하고, 여성도 자아실현과 직장 생활이 가능하도록 남성이 가사나 육아를 어느 정도 책임져 주길 원한다.

TV를 보면 1980년대 주부들의 고민은 주로 때리는 남편, 도박하는 남편, 바람피우는 남편으로 인한 것이었지만, 1990년 이후에는 자기 삶, 자아실현에 대한 관심이 늘고 있다. 출산율이 감소하면 노동력의 감소를 초래해 노동자를 해외에서 좋은 조건에 사와야 한다. 그렇게 될 경우 다인종 사회 내지 다민족 사회로 변하고 새로운 형태의 사회적 갈등과 문제를 안게 된다. 차라리 출산율을 높이기 위한 방안이 더 현실적일지도 모른다. 그러기 위해서는 여성들이 일과 자녀 양육을 병행할 수 있는 방안을 모색해야 한다.

최근에는 '출산파업(베이비 스트라이크)' 이라는 말도 심심찮게 나온다. '출산파업' 이란 직장 생활과 자녀 양육의 병행이 어려운 상황이 지속될 경우 여성들 편에서 출산을 연기하거나 기피하는 전략을 선택함으로써 결과적으로 마이너스 인구 성장을 기록하게 되는 현상을 말한다.

과격한 여성 운동가들은 여자 자궁을 남자에게 두라고 요구(?)한다. 말레이시아에 거주하는 화교들이 '자녀 많이 낳기 운동' 에 나선 것도 이제 출산율 높이기가 국가적인 중요정책이 되고 있다는 것을 말해준다.

말레이시아에서는 4명을 낳으면 장려금으로 2000링기트(약 526달러)를 지급하고 6명까지 낳도록 장려하고 있다. 화교들의 인구 감소를 방치할 경우 정치 · 경제적 영향력이 줄어들지 모르기 때문에 화교 부부들을 상대로 자녀를 많이 낳자는 캠페인을 벌이고 있는 것이다.

화교 단체의 구호도 재미있다. '한 명은 너무 적고, 두 명은 모자라고, 세 명은 너무 단조롭고, 4명은 장려금이 있고, 5명은 더욱 좋고, 6명이 가장 이상적' 이다.

이제는 법(法)도
여성의 손을 들어 준다

'**남이 하면** 스캔들이요 내가 하면 로맨스' 라는 말이 있다. 그러나 잘못 집적거리거나 오해를 사서 도처에 널려있는 성희롱이라는 지뢰밭을 밟게 된다면 일순간에 쌓아왔던 명성을 잃게 될 수 있다.

성희롱이란 말은 1974년 코넬대학의 린 파일리에 의해 '원하지 않는 성적 관심' 에 대한 이슈가 논의되면서 사용되기 시작했다. 그 후 '성적 강제' 를 반대하는 미국의 여성 운동단체나 학자를 중심으로 발전되어 온 개념이다.

여성가족부 자료에 의하면 일본, 독일, 프랑스, 호주, 캐나다는 성희롱 정책을 법으로 규정하고 있고 미국, 영국, 스웨덴은 따로 법적으로 명시하지 않았지만 판례에 의해 확립되어 있다고 한다. 우리나라에서는 1993년 서울대 교수의 조교 성희롱 사건이 발단이 되어 본격적으로 성희롱에 대한 논의가 이루어졌다.

'남녀고용평등법' 에서는 직장내 성희롱을 '사업주, 상급자 또는 근로자가 직장 내의 지위를 이용하거나 업무와 관련하여 다른 근로자에게 성적인 언어나 행동 등으로 또는 이를 조건으로 고용상의 불이익을 주거나 또는 성적 굴욕감을 유발하게 하여 고용환경을 악화시키는 것' 으로 정의하였다.

성희롱 죄란 말이 나오자 한때 남성들 사이에서는 어디까지가 성희롱인지 알 수가 없어 여성들과 함부로 말도 할 수 없는 것 아니냐는 농담을 하기도 했다. 성희롱의 범위는 신체적 행위나 언어적 행위, 시각적 행위가 사회 통념상 성적 굴욕감을 유발시킬 경우를 말한다. 구체적으로 예를 들면 안마나 애무를 강요하거나 음란한 농담이나 전화통화를 한다거나 음란 출판물 등을 게시하거나 보여주는 행위, 속옷이나 부적절한 선물을 하는 경우 등이다.

언젠가 외교통상부의 모 장관이 기자들과 식사자리에서 여성 비하적인 발언으로 여성계에서 발끈한 적이 있다. 한참 성희롱 문제가 우리 사회의 핵심에 서 있을 때 발생한 이 발언은 국회 여성특별위원회에서도 논란이 계속되었다.

대부분 여성의원들은 당사자의 직접 사과와 자진 사퇴를 주장하였다. 그 당시 대통령 직속 여성특별위원장은 정부의 입장과 화난 여성계를 달래기 위해 답변의 중용을 찾느라 진땀을 흘렸다.

그런데 여성의원 한 분이 다른 견해를 내놓았다. 정확한 표현은 기억나지 않으나 대강 '여자들이 성희롱이란 죄목으로 유능한 남자들을 다 죽일 셈인가?' 라는 내용이었다. 성희롱 문제는 가해자의 일방적인 행위로 끝나는 경우도 있지만 피해자인 여성의 역할도 중요함을 역설한 것이다.

사실 성희롱이나 모성보호 정책이 나올 때마다 남성 기업인들은 여성채용을 기피하게 되어 여성들의 사회참여와 지위향상은 오히려 역효과를 낸다. 사무실에서 여성에게 말과 행동을 조심하다보면 여성 스스로 중요한 직책을 맡기 어렵고 조직의 흐름과 정보에 어두워 불이익을 당하기 십상이다. 그래서 몇몇 여성들은 성희롱이나 여성차별에 대한 차별의 수위를 높일 경우 결국 기업들은 여성채용을 꺼리게 되고 핵심보다는 주변적인 일에 머무를 수밖에 없다고 우려하기도 한다.

물론 장기적으로는 남성과 여성이 나아가야 할 바람직한 방향에서 사회 흐름이 변혁되겠지만 그 단계까지 가기 전에는 현실적인 고민도 있다. 여성을 특별 대우하는 제도가 발표될 때마다 여성고용 비율이 2%씩 떨어진다는 통계도 있다.

기업들이 여성인력을 적극적으로 쓸 수 있도록 인프라를 구축해야 하나 무조건 여성인력의 고용확대를 촉구하는 것은 바람직하지 않다. 남성에 비해 제약요건이 많아지면 결국 기업의 반발과 함께 여성채용 기피로 이어질 수 있다. 당장 걸리는 문제는 결혼이나 출산, 육아로 인한 업무공백과 생산성 저하, 그리고 모성보호법에 따른 비용부담이 증가할 수 있다. 또 철야작업이나 장기출장, 파견에도 제약 요인이 따른다.

또 남녀가 같이 근무하게 되면 성희롱 등 새로운 이슈에 관련 비용이 추가된다. 또 지나치게 여성을 배려하다보면 오히려 상대성을 역차별할 수 있다. 기업들이 여성인력을 쓸 때에는 모성비용과 기회비용을 합한 것과 수익을 감안하여 내려야 하기 때문에 어떤 경우에는 모험이 필요할지도 모른다.

하지만 성희롱 문제는 이제 기업의 도덕성이나 대외 이미지에 치명적인 영향을 가져올 정도로 지뢰밭이 될 수 있다. 막대한 비용을 직접 홍보에 쏟아 넣고 있는 마당에 성희롱 사건으로 기업이름이 언론을 통해 오르내릴 경우 손실과 여파는 상상하기 어렵기 때문이다.

또 여성인력과 여성성의 활용은 이제 선택이 아니라 당위로 바뀌었고, 선진국일수록 기업의 여성인력 활용에 더 적극적이면서 최후의 미개척 자원으로 인식하고 있는 만큼 과거와 같은 푸념이나 딴지걸기는 더 이상 용납되기도 어려운 게 세계적인 추세이기도 하다.

크리티칼 매스의 고지에
깃발을 올려라

남성들이 급격하게 여성화 경향을 보이고 있는 가운데 여성의 남성화 경향도 피할 수 없는 물결이다.

여성이 남성화된다고 해서 전투적이거나 호전적이 되지는 않는다. 사회 각 부문에 여성들이 실질적인 영향력과 힘을 발휘할 수 있으며, 의사결정과 파워, 거기에다 경제권에 있어 주체성이 점점 확대된다는 의미이다. 그 중에 하나의 이론으로 인용되는 것이 바로 '크리티칼 매스' 이다.

어느 집단에서 소수가 목소리를 내기 위해서는 일정한 수준의 크리티칼 매스(critical mass), 즉 임계질량이 있어야 함을 말하는 것이다. 원래 이 말은 원자물리학에서 나온 용어인데, 한쪽 성을 각 부문에 일정비율 참여시키기 위한 강제적인 수단을 동원할 때 인용된다.

사회적 변화는 크리티칼 매스 상태가 되었을 때 일어난다. 예를 들면 아주 작은 눈덩이가 위에서 굴러 내려올 때는 아무 것도 일어날 것 같지 않다. 그러나 작은 눈덩이는 흘러내리면서 뭉쳐 수백만 개의 눈덩이가 되고, 수백억 개가 되어 결국 결정적인 순간에 눈사태가 일어나는 이치와 같다. 그래서 사회적 변화는 크리티칼 매스의 상태가 되었을 때 일어난다는 것이다.

처음 수영을 배울 때 물에 뜨기도 쉽지 않지만, 노력하다 보면 어느 순간에 균형을 잡고 유연하게 수영을 잘하게 된다. 자전거 타는 것도 마찬가지다. 배울 때는 누가 뒤에서 잡아주거나 이리저리 굴러 넘어진 후 요령을 터득하게 되고, 나중에는 균형을 잘 잡으면서 능숙하게 자전거를 타게 된다.

얼음에서 물로 변하거나 물에서 수증기로 변하는 이치도 이와 마찬가지다. 0°와 100°가 되어야 얼음이 되고 수증기가 된다.

이러한 예는 또 있다. 우리 몸의 세포는 계속해서 죽어 나가고 또 새롭게 생겨나는데 몸의 모든 세포가 한번 바뀌는 주기가 100일 정도 된다. 만약 오랫동안 몸에 밴 습관을 바꾸려면 최소한 100일 동안은 지속적으로 노력해 주어야 변화를 가져올 수 있다.

무슨 일이든 필요조건이 충족되기 전에는 아무 일도 일어나지 않는 것처럼 보이나 그 조건이 충족되었을 때부터는 새로운 변화가 일기 시작한다.

소수 집단도 마찬가지다. UN에서는 세계 각국에 정치·행정 등 모든 분야의 조직에서 소수 집단이 그 조직에 영향력을 미칠 수 있으려면 최소한 30%는 되도록 권고하고 있다.

이 임계질량이 형성될 때까지는 할당제와 같은 잠정적 우대 조치를 실시할 필요가 있고 그 이후에 스스로 평등한 참여를 이루어 낼 힘을 만들 수 있다는 것이다.

우리나라에서 도입된 과거의 여성채용목표제 20~30%, 정부위원회의 여성 위원 비율 30% 목표, 현재의 국회의원 비례대표 여성 비율과 광역 의회 지역구 여성을 30% 할당한 것은 이런 수준을 고려한 목표치이며, 여성계에서 여성 공무원 승진 할당제 도입을 꾸준히 요구하는 것도 비슷한 이유에서다.

'인류의 반이 여성인데, 왜 여성 지위는 아래일까?

우리나라의 경우 그 동안 국가적인 노력과 여성들의 끈질긴 투쟁에 의해 법적인 면에서의 남녀평등은 8할 이상 일구어 내었다. 그렇지만 피부로 느끼는 수준은 이에 훨씬 못 미친다. 진정으로 행복한 가정은 가족 구성원이 평등한 가운데 상호 존중하며 살아가는 가정이라는 이야기다.

미국의 경우도 여성 관리자 비율이 4%에서 16%로 증가하는 데 70년이 걸렸는데, 16%가 도달한 후에는 근속년수와 승진 비율이 빠른 속도로 증가한 것으로 알려져 있다.

우리나라의 경우도 공직에서 여성관리자를 8%까지 끌어올리는데 60년이 걸렸고, 30%가 되려면 앞으로 20년이 더 필요한 것이 현실이다.

국가 정책은 결과를 중시해야 할 정책이 있는 반면 과정을 중시해야 할 정책이 있는 것 같다. 예를 들면 특허권 같은 배타적인 권리 확보 같은 과학기술 정책이나 핵개발과 전쟁 저지 같은 국방 정책, 공해로 인한 생태계 및 인류 생명 위협을 가져다 주는 환경 정책, 불치병 같은 보건 정책은 불필요한 과정을 생략하고 빠른 시간 내에 정책을 결정해야 할 것이다.

그러나 동서독 통일에서 보아 왔듯이 오랜 준비 기간을 거친 통일 정책이나, 한글 전용이냐 한문 병용이냐와 같이 여러 세대에 걸쳐 있는 문화 정책, 그리고 남녀의 실질적 평등 확보 같은 평등 정책 등은 과정이 중요시되고 시간도 많이 소요된다.

남성들의 여성성을 확장시키는 중요한 통로인 여권 운동도 그 동안 많은 시간을 걸쳐 이룩한 결과 오늘만큼의 수준으로 올라왔다.

그렇지만 많은 노력에도 불구하고 우리나라의 국제 지표를 보면 세계 수준과 얼마나 뒤떨어져 있는가를 여실히 나타내 준다.

유엔개발계획(UNDP)은 각국 여성들이 정치·경제활동과 정책 결정 과정에 얼마나 적극적으로 참여하고 있는지를 점수로 환산하여 매년 여성권한척도(Gender Empowerment Measure)를 발표하고 있다. 이 여성권한척도(GEM)는 그 나라의 여성이 처한 지위 수준을 알기 위한 가치의 척도다. 마치 GDP가 그 나라의 국부 상황을 보여주듯이 여성권한척도는 여성이 당해 나라에서 처한 위치를 보여준다.

여성권한척도를 평가하는 요소는 여성의원 비율, 여성 행정관리직 비율, 여성 전문 기술직 비율, 남녀 소득 격차 등 4가지 항목으로 종합

평가하여 순위를 매기고 있다. 여성 권한척도의 상위 국가는 노르웨이, 아이슬란드, 스웨덴 순으로 대체로 북유럽 국가들이 높은 수준을 나타내는 것이 특징이다.

우리나라는 2005년도에 61위로 우리나라보다 국민경제 수준이 낮은 멕시코, 필리핀, 말레이시아보다도 떨어지는 것이다. 국가 정책이나 회사의 중책을 맡고 있는 여성이 적다는 의미이며, 세계 수준에 비하면 한마디로 형편없다고 평가할 수 있다.

성(性)에도 글로벌
스탠더드가 있다

몇 년 전 여성 관련 업무를 맡고 있을 때 수도권에 사는 어느 남성 시민이 전화를 해 왔다.

'여자의 치마 길이가 짧아지더니 퇴폐 문화가 늘어나고, 이젠 마지막 보루인 주부들까지 가세하니 가정이 파괴되면 도대체 이 사회가 어디로 갈 것인지 모르겠다.' 면서, '그런데도 국가는 여성들에게 기를 너무 살려주는 것이 아닌가? 굳이 국가가 나서서 여성 우대를 할 필요가 있는가?

특정 이해관계가 적은 일로 관공서에 전화하기가 쉽지 않은 분위기를 감안할 때 아마 그분은 나름대로 우리 사회의 미래를 걱정하는 마음에서 전화를 했을 것이다.

과거 같으면 보통 이런 류의 전화는 한풀이를 겸해 욕을 퍼붓는 게 보통(?)이었으나 요즘 전화 태도는 사뭇 진지하기까지 하다. 심야 토론의 발표자처럼 기승전결이 명확하고 높은 톤과 낮은 톤을 적절히 구사하며 자신의 주장을 강하게 편다.

또 상대방이 일방통행으로 쏘아붙이거나 전화 받는 측에서 혹시 한마디라도 반박하면 그것을 빌미로 톤이 더 높아지게 마련인데 반해, 요즘은 이쪽 이야기도 들어주면서 할 말을 다하는 것이 달라진 점이라면 달라진 점이다.

'어제의 통계가 오늘과 다르다' 할 정도로 세상은 급변하고 있다. 특히 남성과 여성의 사회적 역할과 위치는 매일 매일이 역동적인 전환기일 정도로 큰 변화를 맞고 있다.

최근의 일을 보면, 지난번 대선 주자들이 여성 유권자를 의식하여 여성성을 높이는 정책을 많이 내놓았고, 세계에서 유례가 드물다는 여성부가 신설되었다.

지루한 논란 끝에 출산휴가를 60일에서 90일로 늘렸고, 육아 휴직 중에 월 40만원의 임금이 지급되며, 입사 동기면서 능력과 자질에 큰 차이가 없음에도 여성을 승진에서 배제시키는 경우는 간접 차별에 해당되어 제재를 받게 된다.

또 군가산점 폐지 여파로 여성들의 공직 진출이 늘어나고, 지방자치 단체의 부단체장을 늘려 여자 몫으로 할당하자는 입법 움직임도 있었다.

여성계의 입장에서 보면 인구의 반인 만큼 제몫을 찾기 위한 당연한 주장일테지만, 남성들의 시각으로 본다면 온통 '아 옛날이여' 라는 노래가 절로 흘러 나올 수밖에 없다.

여성성은 급물살을 가로지르며 힘차게 뻗어 나가고 있는 지금, 그래서 온통 '여자 세상' 으로 보인다.

남성들이 볼 때 어찌하여 좋은 시절(?)은 다 지나가고 하필이면 나의 대(代)에 이런 일들이 일어나는지 원통해 할지도 모르겠다. 어쨌든 세계적인 흐름이기도 한 남성성의 낙마와 여성성의 부각은 거미줄처럼 얽혀 있는 국제 기준과 맥이 통한다. 그 핵심은 역시 '성에 있어서의 글로벌 스탠더드' 때문이다.

성의 글로벌 스탠더드는 남성에게는 남성성을 해체시키면서 여성성을 확장시키는 큰 역할을 하고 있다.

반면 여성에게는 여성성을 낮추고, 남성성을 높여주고 있다. 즉 각 나라마다 서로 다른 관습과 문화를 세계 공통적인 기준에 맞추고 그 나라의 법과 제도를 국제법 협약에 맞추도록 권고한다. 국제법에 의한 협약은 그동안 남성들이 누려 왔던 남성성과 관련된 제도를 누그러뜨리는 대신 그 빈자리를 여성성으로 채우는 데 크게 기여한다.

국제법은 근세 초기의 유럽 국가 사회 기반을 통해 서서히 형성되어 오다가 오늘날과 같은 법의 체계를 이룬 것은 근세 이후의 현상이다. 이후 역사적 발전 과정을 거치면서 점점 적용 범위가 확대되었다.

당초 국제법의 적용 범위는 유럽의 그리스도교국에 한정되었으나, 산업혁명의 영향을 받아 대외무역이 활발해짐에 따라 19세기 중엽부터 그와 같은 한계는 점차 무너지기 시작하였다. 먼저 터키가 1856년

의 '파리 조약' 으로 국제사회의 일원으로서의 자격을 인정받았고, 그
후 중국·일본 등 아시아의 여러 나라가 개방 정책을 취함으로써 국
제법의 적용을 받게 되었다.

오늘날에 와서는 국제법의 적용 범위가 현저히 확대되어 각 국가
의 국내 체제나 역사·문화를 달리하는 여러 국가를 포섭하는 보편적
인 법으로서의 성질을 가지게 되었다. 사회주의 국가나 아시아와 아
프리카의 신흥 제국들도 국제법을 부정하는 태도를 보이지 않고, 오
히려 어느 면에서는 더 중시하는 경향마저 보이고 있다.

국제법의 유무형의 파워로 각국들이 세계무대에서 공존 공생의 길
을 걷기 위해서는 글로벌 스탠더드가 요구하는 기준을 의무로 받아
들여야 하는 시대에 살고 있는 것이다.

우리나라는 물론 각 나라들은 유엔이나 다른 국제기구의 회원국으
로 가입하고 국제적 목표 수준으로 어느 정도 보조를 맞추어야 국제
적인 위신을 세울 수 있다. 유엔과 국제기구들은 이런 점을 활용하여
남녀평등을 비롯한 인권, 환경, 반전 등을 위한 각종 협약을 만들어
낸다.

결국 각 나라의 전통적인 다양한 문화는 기름과 물처럼 서로 분리
되려는 원심력을 보이는 반면, 법과 관련된 제도는 강한 구심력에 의
해 통일화되거나 획일화되어 보편성을 추구하려고 한다. 이같은 보편
성의 한 가운데에 '양성성' 이 있는 것이다.

오늘의 걸리버는 남성이 아니라 여성이다

여성성이 학습되어지는 것과 마찬가지로 남성성 역시 어린시절 교육과 사회환경, 사회적 요구에 따라 학습되게 마련이다. 아이를 키우는 부모들도 성역할 교육에 있어 가끔 모순에 빠지는 경우를 본다.

은연중에 어머니들은 자식들에게 자기도 모르는 가운데 성역할을 강요하는 경우가 많기 때문이다. "딸이니까 얌전해야 한다." "여자는 힘든 일을 못하니까 남자가 해야 돼." 하는 것과 마찬가지로 "남자는 울면 안돼." "설거지와 청소는 딸이 해." "남자애가 그렇게 속이 좁아서 어떡하니?" "설거지는 절대 하면 안 된다." 등 생활 속에서 자연스럽게 역할을 차별하여 부여하는 것이다.

또 장난감을 살 때도 자녀의 의사와는 관계없이 아들에게는 로봇이나 자동차를 사주면서 딸에게는 인형을 사준다.

그렇다면 생물학적으로 남성과 여성의 차이는 어떻게 살펴볼 수 있을까? 남성들은 여성들보다 10배 내지 20배나 많은 테스토스테론(testosterone)이라는 호르몬을 생산해 낸다. 이 테스토스테론은 인간의 체격, 행동, 기분 등에 영향을 미치는 화학물질로 알려져 있다.

물론 인간은 사회적 동물이어서 그 나라의 역사와 문화에 의해 남녀간의 차이가 다르겠지만, 근본적으로 생물학적인 특징에 좌우되는 점을 무시할 수는 없을 것이다. 남성은 태아 때부터 테스토스테론의 강한 영향을 받아 남성적인 성격과 형상이 만들어진다.

남성성의 특징이라고 할 수 있는 테스토스테론의 특징은 무엇일까?

이 호르몬은 보편적으로 모든 남성들이 갖고 있는 공격성, 자신감, 승부욕, 신체적인 힘, 성적 충동 등과 밀접하게 관련이 있다. 또 성장기에는 굵은 목소리·체모·근육 등 2차 성징을 만들고, 청·장년기에는 남성의 기능 및 남성다움을 발산하게 된다. 힘으로 따지자면 남성들의 근육강화제인 셈이다.

이 남성호르몬은 노화를 방지하고 비만을 억제함으로써 단단한 체격을 유지토록 하는 데 도움을 주는 것으로 인식돼 의사들이 환자들에게 테스토스테론 처방을 하기도 한다. 스포츠 선수들이 좋은 성적을 발휘하기 위하여 남성호르몬이 포함된 약물을 투여하여 가끔 물의를 빚고 있는 것도 따지고 보면 다 그런 이유에서이다.

몇년 전에 독일 국가대표 단거리 코치가 '여성 선수들의 경기 전 로맨스는, 자신감·공격성과 관련 있는 호르몬인 테스토스테론의 수치를 높여 더 빨리 달릴 수 있게 한다.'라고 발언하여 눈길을 끈 것도 남성성과 연관된 것이다. 물론 여성과 반대로 남성일 경우에는 테스토스테론 수치가 떨어지고 근육 수축 능력도 저하돼 경기에 악영향을 미친다고 덧붙였다.

일반적으로 남성은 결혼하면 남성호르몬인 테스토스테론의 분비량이 줄어들기 시작한다. 결혼하면 바람피우지 말고 가정에 더 충실하라는 자연의 오묘한 섭리일 게다. 남성들은 시기적으로 40대부터 여성호르몬의 분비가 늘어나게 되고, 이 때문에 감성적으로 변해 사소한 말에도 상처받곤 한다. 사회적 요구나 변화와 더불어, 인간 신체의 흐름상 남자들은 나이가 들면서 여성호르몬의 분비가 늘어나는 것도 오묘한 인간의 섭리일지 모른다.

그렇다면 남성의 사회적 위치는 어떻게 변하고 있는가? 한때 남성의 고유한 가치라고 평가받았던 남성성은 지금 대한민국에서 어떤 모습을 차지하고 있는가?

단적으로 말하면 남성성을 많이 보유한 남성은 분명 사회적 역할과 트랜드에 있어 점점 불리해지고 있다. 가정에서의 남성의 지위가 날로 쇠약해가고 있는 반면, 여성들의 목소리는 사회 구석구석까지 파고들며 남성들이 누렸던 자리를 대신하고 있으며, 남성 위주였던 사회의 핵심이 변화되고 있다.

이로 인해 대다수의 남성들은 독점 권력으로부터의 패배감과 소외자로서의 설움을 씹으며 살아가야 할 판이다.

보통 가정에서 부부 싸움의 가장 큰 원인의 하나라면 남자들이 생일이나 결혼 기념일을 깜박 잊어버리고 그냥 지나치는 경우이다. 보통 남자의 건망증은 일에 대한 집중력과 정보 수집 능력의 차이 때문에 일어나는데, 남자는 여성보다 어떤 일을 할 때 한가지를 택해 몰두하는 경향이 강하다. 정보를 수집할 때도 마찬가지다.

특정한 취미에 빠지는 '마니아' 가 남성에게 많은 것도 같은 맥락이다. 남자는 눈앞의 일에는 잘 대처하지만 해마다 되풀이되는 연중행사는 잘 챙기지 못한다. 여자들은 남자들의 이런 행동에 매우 서운해하는데 여간 세심한 남자가 아니고는 기념일을 챙기기 쉽지 않다.

여성은 어떤가? 여성은 여러 사람과 이야기할 때 몇 사람의 말을 동시에 듣는 능력이 남자보다 뛰어나지만 물건은 남자보다 훨씬 잘 잃어버린다.

연애할 때는 남자가 어떤 옷을 입었는지, 그때 무슨 말을 했는지조차 기억하던 여성이 나이가 들어서는 현관문을 닫고 돌아서는 순간 휴대전화를 두고 나온 사실을 깨닫고 황급히 다시 들어가는가 하면 가스 밸브와 수도꼭지를 잠갔는지 확신하지 못하는 것이다.

하지만 여성성이 장점인 시대로 변한다고 해서 남성들의 가치가 약해진다는 의견은 설득력이 없다. 남성들은 크게 위축될 필요가 없을 뿐 아니라 남성성에 대해 회의하거나 고집할 필요도 없다. 기존 위치에서 일부를 잃더라도 대신 빈 자리를 여성성으로 채워 넣는다면 오히려 시너지 상승효과가 더 크기 때문이다.

즉, 아무리 여성이 강세라 하지만 모든 분야에 여성적인 리더십을 사용하는 것은 맞지 않는다. 조직의 응집력이 약해서 만약에 구성원이 수동적이고 통합이 필요한 위기상황이라면, 카리스마가 강한 리더십이 훨씬 더 효과적이다. 반면 구성원이 자율적이고 전문적인 인재로 구성되어 있다면, 민주적인 여성적 리더십이 필요하다.

그리고 조직내 구성원들의 갈등이 첨예화되고 추종자들의 목소리가 큰 조직에서는 민주적인 리더십과 권위적인 리더십을 함께 사용하는 양성적 리더십이 더욱 효과적이라 할 수 있다.

따라서 여성적 리더십과 남성적 리더십은 서로 배타적인 것이 아니라 상호보완적인 관계인 것이다.

남성들이여 기죽지 말라! 남성 속에 있는 여성성도 나의 힘이다. 여성성을 받아들이고 즐겨라!

Chapter 5. 양성형 시대의 등장을 알리는 그림자, 멀티섹슈얼

화장하는 슈퍼맨에게 아름다운 미래가 있다

'**앞으로 글로벌** 경제 성장을 위한 핵심 키워드는 '친디아(중국과 인도)' 나 '인터넷' 이 아니라 '여성' 이다.'

최근 영국 주간지 〈이코노미스트〉는 이렇게 보도했다. 힘보다는 머리가 더 중요한 자원으로 여겨지는 오늘날은 여성의 능력을 어떻게 활용하는 지가 앞으로 미래를 결정짓는 가장 중요한 문제로 떠오르고 있기 때문이다.

엄밀히 말하면 '여성' 이 아니라 '여성성' 이다. '여성성' 을 많이 보유한 여성에게 미래에는 더 큰 기회와 역할이 주어진다는 의미다.

사실 이러한 류의 말은 새삼스러울 것이 없다. 옷차림, 헤어스타일, 액세서리, 그리고 말투까지 이미 남성과 여성의 역할변화와 다양한 모습은 많이 제기되었기 때문이다.

과거 같았으면 외형만 보아서는 도대체 그 성을 짐작할 수 없을 만큼 혼란스러운 젊은 세대의 모습을 본 기성세대는 미래에 대한 쓸데없는 걱정거리를 생산하는 인재로 보았다.

하지만 요즘은 어떤가? 남자가 머리를 노랗게 물들이고 귀걸이를 했다고, 여자 가방을 남자가 메고 다닌다고 비난하지 않는다. 반대로 여자가 남자처럼 옷을 입고 짧은 머리를 하고 다녀도 뭐라고 하는 사람이 없다. 오히려 그들을 시대와 문화를 앞서가는 인재로 의미를 부여하기도 한다.

강함과 약함, 남성스러움과 여성스러움. 흔히 이분법적으로 나누어지는 이같은 성별의 변화는 이제 우리 시대에 더 이상 유효하지 않다. 대상을 강한 이분법적 관념으로 나누던 시대는 지났다. 냉전시대와 이념의 시대를 지나 이제 평화의 시대를 맞이하면서 이러한 것들이 혼란스러워지면서 새로운 틀을 열어젖히고 있는 것이다.

여자같은 남자, 남자같은 여자가 등장하고, 부모님이 물려주신 최초의 생물학적 성을 포기하는 사람도 생겼다. 외모나 옷차림은 '중성화'를 치닫고 있고, 금남 구역과 금녀 구역은 무너진 지 오래되었으며 특정 성별이 독점하던 직업의 비율도 격차가 점점 줄어들고 있다.

바람직한 남성상, 바람직한 여성상 같은 이분법적 나눔이 사라져가고 있는 지금에 와서는 새로운 키워드인 양성성(兩性性), 즉 양성형 인재가 우리 사회의 키워드로 자리잡았다. 양성성이란 여성적이거나 남성적인 성역할에 얽매이지 않고 양성의 특징들을 받아들이고 표출하는 것을 말한다. 이제 우리 시대는 이같은 양성성이 존재하는 것을 뛰어넘어, 새로운 젠더 가치가 적극적으로 요구되는 시대로 향해가고 있다.

사실 젠더(Gender, 사회적 성)는 1970년 이후 서구 페미니스트들을 중심으로 제시된 사회적으로 교육되고 훈련되어 형성되는 사회적, 문화적 성(性)을 말한다. 즉, 대등한 남녀간의 관계와 평등에 있어 모든 사회적인 동등함을 실현시켜야 함을 유럽 연합국(EU) 등 다수의 국가에서 주장한다.

젠더는 개인적인 현실보다는 집단적인 규범을 일컫는 용어로써 1995년 중국 북경에서 열린 제4차 세계 여성 대회에서 '젠더' 사용에 합의함에 따라 모든 유엔 공식 문서에서는 성을 나타내는 명칭인 '섹스' 라는 단어는 사라지고 대신 '젠더' 가 사용되게 되었다.

젠더(Gender)는 남성과 여성간의 생물학적인 차이를 말하는 생물학적인 성(Sex)과는 구별된다. 젠더는 젠더혁명이라는 큰 변화를 겪어 오면서 '변화하지 않는 것이 하나도 없다' 라는 말처럼 오늘날에도 계속 진화하고 있다.

성(sexuality)에서 젠더(gender)로의 변화를 넘어 이제는 '웰 젠더 (well-gender)' 를 요구받는 시대에 살고 있는 것이다. 내외적으로 사회 전반을 변화시킨 '웰빙 '(well-being)' 열풍을 우리식으로 표현하면 '잘 살아보세' 라는 우스갯소리가 있듯, 쉽게 말해 '웰 젠더' 는 사회에 존재하는 남녀의 성별 차이가 아니라 '공존' 을 뜻하며 양성성이 존중받는 성숙한 사회를 지칭하는 것이다.

그렇다면 우리 사회의 양성성에서 파생된 양성형 인재는 어디에서 기인하는가? 우리 사회와 삶의 영역들은 근력이나 힘으로 대변되던 남성성의 영역이 점점 축소되고 소프트한 여성성이 확대되어 가는 다이내믹한 흐름 때문이다. 바로 양성형 인재는 오랜 시간동안 축소되고 잊고 있었던 '여성성의 복원'에서 비롯되는 것이다.

즉, 앞으로 남성은 남성성을 기본바탕으로 여성성을 얼마나 많이 흡수하느냐에 따라 인생의 성공이 좌우되고, 여성은 여성성을 기본바탕으로 얼마나 남성성을 잘 흡수하느냐에 따라 성공이 좌우된다.

그렇지만 남성성과 여성성에 관한 큰 변화의 물결에 직면하여 이를 받아들이는 흡수력에 있어서 남성과 여성이 각기 다르게 행동한다. 여성들은 성정체성을 갖고 동시에 자신들 속에 있는 남성성을 거침없이 드러내며 급속한 변화에 맞춰 전통적인 성역할을 재빠르게 재조정하는 데 반해, 안타깝게도 남성들은 여성들의 변화 속도에 비해 그 인식이 무디고 변화도 느린 편이다.

한가지 예를 들어보면, 최근 도입되고 있는 주5일 근무제의 경우 전반적인 여가의 활성화로 삶의 질이 향상되는 효과가 있는 반면 가족관계는 새로운 복병이 될 수 있다는 것이다. 가족간의 놀이 문화에 익숙하지 않은 우리 사회의 남성들은 늘어난 여가 시간에 낚시나 등산, 골프 등을 하며 홀로 문화에 빠지기 쉽다.

여성들은 정서 교감을 통해 잘 적응해 나가는 반면, 남성들은 의무감으로 가족과 마주하려고 하다보니 주말이 괴로워지고 쉬는 게 더 고통으로 느껴질 수 있다. 이런 예는 남성이 여성보다 성역할에 대한 고정관념에 사로잡혀 있을 확률이 높음을 말해준다. 성역할은 자기 자신을 옭아매는 한계로 작용할 수 있음을 보여주는 사례다.

바야흐로 우리는 양성성의 시대를 맞고 있다. 이제 기존의 남성과 여성의 성역할을 벗어 던지고 양성성을 즐기는 양성형 인재가 새로운 시대를 잘 리드할 수 있는 미래형 인재이다. 또 남성과 여성이 모두 '웰 젠더(well gender)'의 문명 창조자가 될 수 있으며 궁극적으로는 사회 속에서 남성과 여성이 공존하는 길이다.

10%의 여성성이 섞여 있는
남자가 더 인기있다

"**뭐니 뭐니 해도** 남자는 남자다워야 하고, 여자는 여자다워야 해."

철수와 영희라는 이름으로 시작되는 교과서와 수많은 책들. 근대기를 거쳐온 우리 사회에서 그간 남자는 남자다워야 하고 여자는 여자다워야 하는 것이 심리적으로 또는 사회적으로 건강하다고 생각해왔다.

그러나 사실 인간은 다양한 면에서 양성의 성질을 갖고 있었다. 양성성이 발아될 수 없도록 우리는 단성으로서의 특징만 나타내 보이도록 교육받고 억압당해왔다. 그러한 억압과 교육으로 인해 오늘날 우리들은 고정된 성역할에 집착해 더 차원 높은 행복을 추구할 기회를 빼앗겼다.

하지만 전통적인 성역할을 구분하던 시대와는 달리 복잡하고 다양한 역할을 요구하는 21세기 지식정보화 사회에는 더 이상 성역할을 구분하는 것이 적합하지 않다. 뿐만 아니라 이로 인해 오히려 자신에게 맞지 않는 학문적, 직업적, 사회적 틀 속에 자신을 가두어 버리는 불행을 초래할 수도 있다.

그럼 왜 새삼스럽게 양성성(androgyny) 즉, 양성형 인재가 중요해졌을까? 아마 이 단서는 그간 우리 사회에서 인식되어온 '여성'의 문제를 논하는 것으로 연결해볼 수 있을 것이다. 역사를 뜻하는 'history'의 어원은 'his story' 즉 남자의 이야기라는 뜻이다. 역사 속에서 여성이 배제되어 왔다는 것을 알 수 있는 대목이다.

인류의 시작 이후 몇 천년 동안 남성들은 태어나게끔 직접역할을 해주었고 매일 접하면서 가장 가까운 세상의 반인 여성을 잊고 지배와 무력과 힘으로 여성을 대해왔음을 역사를 통해 본다.

전 세계적으로 불과 1세기 전까지만 해도 여성들은 감히 권리나 인권 따위를 논할 수 없는 암흑의 시대였다. 그러나 남성이든 여성이든 모든 인간은 남성성과 여성성을 함께 가지고 태어나며, 평등한 존재인 것은 이제 더 이상 두말할 필요가 없다.

사실 과거에는 양성성을 세분하기를 남성적인 남성과 여성적인 여성, 그리고 성격과 성별이 뒤바뀐 이상심리자 즉 남성적 여성이나 여성적 남성으로 나누어 해석했다. 그러던 것이 1970년대에 들어 산드라 벰(Sandra Bem)을 비롯한 많은 진보적 심리학자들에 의해 심리적 양성성이라는 개념이 도입되었다.

양성적인 인간, 즉 남성적 가치와 여성적인 가치를 모두 갖고 있는 사람은 과거 전통적인 성역할을 고집하는 사람들보다 성취동기·자아실현·자존심·결혼만족도가 높으며, 자아발달수준이나 도덕적 발달수준도 높다는 것이 연구결과를 통해 밝혀졌다. 또한 한가지 성역할에 치우친 이들보다 양성성을 가진 이들은 구체적인 상황에 있어서 도구적인 역할과 표현적인 역할을 적절히 융합하여 발휘할 수 있기 때문에 적응력도 뛰어난 것으로 밝혀지고 있다.

여성스러운 여자보다 남자같은 여자가 매력적으로 보이는 것, 여자같은 남자가 친구들이 더 많은 경우를 우리 주변에서 떠올려보면 어떤가?

너무 여성스러운 여성은 불안지수가 높은 반면 사회적 성취도가 낮으며, 너무 남성스러운 남성의 경우 청년기 동안에는 심리적으로 잘 적응할지 몰라도 성인이 되고 나서는 불안지수가 높아지고 자기수용도가 낮은가 하면 신경과민을 보인다는 것이다. 더불어 남성적인 남자나 여성적인 여자 모두 지능이나 창의성, 공간지각 능력이 낮다는 연구결과가 이를 뒷받침하고 있다.

어린이의 경우도 양성적인 기질을 가진 아이가 그렇지 않은 아이에 비해 지능과 창의력이 높고 적응도가 높다는 연구결과가 이미 나와 있다.

양성적인 사람은 성공의 비결을 운이 아닌 자기 자신의 능력에서 찾고, 실패의 원인을 자기 자신의 노력 부족에서 찾음으로써 성취동기가 강하고, 설사 결과에 있어 실패를 경험하더라도 결코 위축되거나 무력해지지 않는다.

스위스 심리학자인 융(Carl Gustav Jung, 1875~1961년)은 모든 인간에게 양성의 성격이 공존한다고 보고 남성적이고 기능적인 '아니무스(animus)'와 여성적이고 친화적인 '아니마(anima)'가 균형을 이룰 때 개인과 사회의 원만한 발전이 이루어진다고 주장했다.

어떤 사람은 자기주장을 잘하면서 동시에 양보심이 많고, 또 어떤 사람은 논리적임과 동시에 감정이 풍부하다. 이와 같이 남성성과 여성성의 특징이 한 사람 안에 얼마든지 공존할 수 있으며, 이 둘 사이에 균형의 정도는 각 개인의 고유한 성격이 다양한 것과 마찬가지로 다양한 형태로 이루어진다.

당신은 양성성을 가진 인재인가? 아니면 여성성 혹은 남성성이 내부를 지배하는 인재인가? 그렇다면 당신 곁에는 어떤 사람들이 있는가, 혹시 너무 남자다운 남자가 부담스러웠거나 너무 여성스럽고 조신한 여성의 또 다른 면이 궁금하지는 않았는가?

이같은 스테레오 타입을 벗어나는 길이 '웰 젠더(well-gender)' 시대의 행복가치다.

거울 보는 여성 뒤엔
화장하는 남성이 있다

여성학에서는 성을 섹스와 젠더로 구별한다. 여기서 섹스는 생물학적 성을 말하고 젠더는 사회 문화적으로 길들여진 성인 '여성적이다' '남성적이다' 를 의미한다.

그동안 우리 사회는 섹스와 젠더가 일치하는 것을 바람직하게 보았으며, 여전히 그런 의식이 지배적이다. 그러나 요즘은 패션이나 의식이 섹스와 젠더를 일치시키지 않는 경향이 두드러졌다. 특히 남성의 경우 현란한 머리 염색이나 귀걸이를 한 경우를 심심찮게 보게 된다.

과거에는 이태원이나 압구정 등 젊은이들의 거리에서나 볼 수 있었던 차림들이 이제는 때와 장소를 가리지 않고 생활 깊숙이 파고들었다. 길거리에서 대학캠퍼스로, 판매 서비스 업종으로 그 영역이 점점 넓어지고 있다.

남성들의 귀고리나 액세서리는 얼마 전까지만 해도 동성애를 상징해 왔으나 이제는 개성적인 삶의 표현으로 인식되면서 패션으로까지 자리 잡고 있다. 지난 월드컵 때 선수들의 헤어스타일만 떠올려도 알 수 있다. 형형색색 염색을 하고 액세서리로 치장한 모습은 그들만의 개성으로 비쳐지기도 했다. 남성의 또 다른 새로운 외면을 볼 수 있었다.

자신을 꾸미는 데 남의 시선을 아랑곳하지 않는 젊은 남성들이 늘고 있고, 여성과 마찬가지로 자기만의 과시욕이 남성에게도 있다. 그 욕구가 기존의 천편일률적인 디자인에서 벗어난 새로운 제품들을 만들어 낸다. 또한 TV드라마에서 남녀 주인공이 선보인 목걸이나 모자, 보석 브랜드, 팔찌, 반지 등은 인기를 주도하고 있으며, 커플 사이에서 그것을 주고받는 것이 유행하고 있다.

직업선택이나 조직 내의 역할수행에서 금남과 금녀의 성역이 무너져 내림은 물론 옷차림이나 외모도 중성화되는 추세다. 그 두드러진 현상이 아름다워지려는 남성이 늘어나는 것이다.

외모 가꾸기는 이제 일부 신세대들만의 자기표현 방법이 아니라 많은 남성들 사이에 이미 일반화된 추세다. 요사이 뷰티 산업이 확장되고 팽창은 가속화되고 있다.

디지털 시대 신 귀족층으로 불리는 보보스족(부르주아와 보헤미안의 합성어)은 일반적으로 널리 명품이 아닌 희귀한 초고가 명품을 선호한다. 그들은 명품이라면 가격에 구애받지 않고 해외 어디에 가서라도 구입을 해야 직성이 풀린다고 한다.

어느 한 연구소에 의하면 뷰티산업은 크게 네 개의 카테고리를 구성하고 있다.

첫 번째는 미관을 들 수 있다. 제품의 외관을 아름답게 꾸며 미적 부가가치를 실현하는 것으로 전자 제품, 자동차 등의 디자인 제품이나 고급 아파트 등 미관을 중시한 제품의 범주에 속한 프리미엄 상품 등이다.

두 번째는 미모다. 신체의 외모를 아름답게 꾸미는 것과 관련된 사업으로 화장품이나 미용성형과 같은 것을 들 수 있다.

세 번째는 미담이다. 감동적인 스토리나 영상미, 판타지와 같은 문화콘텐츠가 이에 해당된다.

마지막으로 미품이다. 아름다움의 극치를 추구하고 예술의 경지에 도달한 제품을 말하는 것으로 소위 명품이나 순수 예술품, 아름다운 음식이 이에 해당된다.

섹시함과 우아함이 강조되는 21세기, 남성과 공존할 때 가치는 더 높아진다. 그러나 자상함이 남자들의 덕목처럼 유행으로 확산되고 있는 현실에서 원초적인 수컷의 매력조차 사라진다면 그것 또한 바람직하지 않다. 문제는 그 사이를 가르는 황금분할선이 어디에 있느냐는 것이다.

패션도 트랜스젠더 시대이다. 백화점 및 쇼핑 매장의 각종 생활 용품, 패션 소품들이 남성용에서 여성용으로, 여성용에서 남성용으로 용도가 바뀌고 있다. 기존의 커다란 배낭이나 서류가방 대신 여성들의 핸드백과 비슷한 작은 토트백을 남자들이 들고 다니는가 하면 직장 남성을 상징하는 대표적인 패션 소품인 넥타이를 찾는 여성들이 늘고 있다.

남성 고객 중에서도 패션에 민감하고 튀는 스타일을 선호하는 경우에는 화려한 색상의 여성용을 찾고, 여성 고객 중에서도 발이 크거나 차분한 디자인을 원하는 경우 남성용을 찾는다고 한다.

캐주얼 의류도 이런 경향이 더욱 두드러진다. 젊은 여성들은 남성 캐주얼 셔츠를 헐렁하게 입는가 하면 남성용 스판 면바지를 입기도 한다. 남성복도 색상이 화려해지고 몸에 착 달라붙는 여성복 스타일을 응용한 디자인이 등장하고 있다. 여성복에 사용하는 사이드 포켓을 남성 정장의 포켓에 적용해 인기를 끌기도 하였다. 단추가 밖으로 드러나지 않는 히든 버튼도 여성복에서 남성복으로 옮아간 사례다.

한동안 뜨개질하는 남성이나 신세대 사병이 많다는 기사가 보도되기도 했었다. 여자친구 생일에 자신이 직접 짠 털목도리나 털모자를 선물하여 여자친구를 감동시키기 위해서다.

패션의 중성성은 이미 예고된 현상으로 1970년대 여권신장 운동과 맞물려 붐을 일으킨 '유니섹스' 스타일과는 다른 점이 많다. 여성이 '남성처럼 보이기' 위한 패션이 아닌 아예 성적인 구분을 없애는 '젠더리스 룩(genderless look)' 이 남성과 여성 모두에게 어필되고 있는 것이다.

'젠더리스 룩' 은 1990년대에 와서 세계적으로 성별을 지칭하는 용어로 권장되고 있는 젠더(Gender)에서 파생된 말로써 '성의 구별 없는' 또는 '중성적인' 의 뜻이다.

남녀 의상의 경계를 허물어뜨린 중성적인 패션을 표방하여 자신의 감정에 솔직하고자 하는 성역할에 대한 반발이며 인간내면의 욕구 표출이라 할 수 있다.

일반적인 스타일로는 남녀 모두 허리가 들어가는 날씬한 재킷, 꼭 끼는 바지와 셔츠, 넥타이와 굽낮은 구두 착용 같은 것이다.

삼국 시대로 한번 거슬러 올라가 보면 재미있는 모습을 발견할 수 있다. 삼국 시대 임금님은 당시 높은 신분을 과시하기 위해서 귀고리를 했다. 지금 생각으로는 '아니 임금이 어찌 귀고리를 한단 말인가? 여자 임금도 아니고 남자 임금이…' 라고 반문할지 모른다. 그러나 귀고리는 당시 지배자의 상징으로 남녀 구별 없이 유행하던 장신구였다. 그 이후 후기 조선 시대에 들어와서 오랑캐의 풍습이라 여겨 남자들은 귀고리 착용이 금지되었던 것이다.

이런 사례를 종합해 볼 때 눈에 거슬리느냐 그렇지 않느냐의 기준은 얼마나 많은 사람이 그것을 따라 하느냐에 달려 있음을 알 수 있다. 많은 남자들이 치마를 입는다면 남자가 치마를 입는 것이 이상하지 않을 것이다. 마치 많은 남자들이 귀고리를 하기 시작하자 그것이 이상스럽지 않은 것처럼 말이다.

화장품 할인점에
그 남자가 있다

나는 부산역에서 사회 첫 출발을 하였다. 당시 철도청 시험을 쳤는데 용케도 합격하여 1980년 여름부터 다니게 되었다. 부산은 바다를 끼고 있는 지역특성상 외국배가 많이 들어오고 있고 일본이 가까워서 외국문화가 가장 먼저 수입되는 곳이다. 예를 들어 노래방 문화 같은 경우를 보면 부산에서 처음 수입되어 마산·창원을 거쳐 전국으로 퍼졌다.

지금은 일반화 되었지만 당시 남포동이나 서면 일대 다방에서 남자들이 처음으로 서빙을 하기 시작했다. 마침 초등학교 친구가 남포동 모 다방에서 서빙을 한다기에 동창과 함께 간 적이 있었다.

그곳에서 나는 한마디로 문화적 충격을 겪었다. 그 친구가 초등학교 다닐 때 생각한 이미지와 전혀 다른 모습으로 나타났기 때문이다. 여자처럼 길게 기른 머리며 말씨도 여자 목소리가 조금 섞인 것 같았다. 점잖던 친구가 다방이라는 곳에서 차를 나른다는 사실을 당시로서는 이해하기 어려웠다.

그러나 지금은 어떤가? 춤도 마찬가지인 것 같다. 옛날에는 남자가 백댄서 하는 것이 이상하게 보였다. 남자답지 못하거나 아니면 '제비족' 처럼 정상적이지 못한 것으로 생각했다. 때로는 남자가 춤을 추면 곧 동성애로 비춰졌지만 요즘은 청소년들에게 가장 인기 있는 희망 직업의 하나가 백댄서라고 한다. 세상이 엄청나게 변하고 있는 것이다.

그동안 남자는 주장이 강하며 독립적이고 자신을 존중해야 하는 한편 감정은 억제하도록 사회화되었다. 반면에 여자는 정서적인 면을 표현하고 다른 사람, 특히 남자와의 관계를 통해 성취를 나타내도록 사회화되어 왔다. 그러나 지금은 다르다. 아름다워지려는 남성이 늘어나고, 반면에 강하고 억센 여성이 늘어나고 있다.

'크로스드레서(Crossdresser, CD)' 도 마찬가지다. 다양한 동기로 인해 이성의 의복을 차용해서 입는 사람들로서 남성이 여성 옷을 입거나 반대로 여성이 남성 옷을 입는 것을 말한다. 옷뿐만이 아니라 메이크업이나 소도구, 가발 등이 수반된다. 이성의 복장을 즐길 뿐 자신을 반대의 성으로 인식하지 않으며 따라서 의학적인 신체 변화는 거의 시도하지 않는 것으로 알려져 있다.

한때 '밀리터리 룩(military-look)' 즉, 군복 무늬의 열풍이 미국을 몰아친 때가 있었다. 여성 의류 쪽은 물론 가방이나 비키니 수영복, 소파에까지 군복 무늬를 넣고 생산한 제품들이 날개 돋친 듯 팔렸다. 경기 침체로 초라해진 모습을 군복 무늬의 옷을 입음으로써 강하고 터프하게 보이기 위해서였다.

최근 남성들 사이에 7부바지도 하나의 패션으로 증가하고 있다. 7부바지란 길이가 종아리를 3분의 2정도 덮는 바지다. 발목 위로 살짝 들리는 8부 바지나 발목 복사뼈에 딱 걸리는 9부바지 등으로 몇 년 전부터 다양하게 변형되면서 얼마 전에는 남성 패션에도 영향을 미쳤다.

남성들의 7부바지가 유행하는 이유가 무엇일까? 그것은 남성복의 여성화에 있으며 또 남성들이 발목을 드러내는 데 거부감이 없어졌기 때문이다. 유니섹스 캐주얼 브랜드에나 간혹 등장하던 7부바지는 이제 스포티한 감성을 살리는 패션 아이템으로 자리 잡았다.

남성 화장품의 주류를 이루고 있던 면도용 제품의 소비는 상대적으로 감소 추세인 반면 남성 전용 로션이나 스킨, 마사지팩, 향수같은 제품들의 소비는 꾸준히 증가하고 있다. 화장품은 흡연이나 과음, 환경공해로부터 거칠어지기 쉬운 피부를 보호하고 탄력 있고 건강한 피부를 만들고자 하는 남성들에게 있어 인기 품목이다.

과거에는 '아침밥을 안 먹어도 화장은 꼭 하고 다닌다.'라고 여성들이 말했지만 이제 남성도 똑같은 말을 하게 될 날도 멀지 않았다.

이에 대해 페미니스트 작가인 김신명숙은 이런 변화를 "남성의 여성화, 여성의 남성화라고 단순화해서 보아선 안 된다."라고 못박으며, "원래 인간은 남성적인 요소와 여성적인 요소를 동시에 갖고 있지만 기존 가부장제 사회에서는 두 가지 요소의 공존을 부정하도록 요구했다. 그런데 이제 그런 사회적 편견이 점차 붕괴되어 가면서 개인의 내부에 숨어 있던 양성성이 자연스럽게 드러나는 것이다."라고 모 주간지의 인터뷰에서 요즘 세태를 진단했다.

신경 정신과 전문의 이규환 박사는 "남성이 여성적 장신구를 하거나 여성이 남자처럼 보이는 옷을 입는 것은 '자기 내부의 또 다른 성'을 되살리고 싶은 욕구에서 빚어지는 행동이다."라고 분석한다.

즉 '결핍된 반쪽 성향' 을 충족시키고자 하는 욕구를 실현할 만한 적절한 사회 규범이나 역할이 마땅치 않을 경우, 그 충돌과 갈등을 '외모 꾸미기' 라는 방법으로 해소하려 한다는 것이다.

여성이 남성 못지않게 성적 욕망을 자유롭게 추구하는 시대가 도래하면서 남성에 대한 '선택권' 이 높아졌기 때문에 '남성도 외모를 꾸미지 않으면 안되게 되었다' 는 흥미로운 견해도 일각에서 제기되고 있다.

영화계에서는 과격한 여성 배역이 뜨는 추세이다. 1930년~40년대의 영화에서 여성은 굳이 복수하거나 힘을 쓸 필요가 없었다. 위험한 상황에 빠지는 경우가 별로 없었으며 그저 남성과 사랑을 속삭이면 그만이었다.

1950년~60년대는 영화속 여성이 대부분 귀여운 말괄량이로 그려졌다. 〈바람과 함께 사라지다〉와 〈사운드 오브 뮤직〉에서는 비비안 리의 멋진 불량스러움과 줄리 앤드류스의 새콤달콤함이 시대를 풍미

했다.

그러나 오늘날 영화속 여자 주인공은 자신에게 닥친 위협에 폭력도 불사하며 과격하게 맞서는 경향이 뚜렷해지고 있다. 미국에서 흥행에 성공한 조지 포스터 주연의 〈하이 크라임(High Crime)〉, 샌드라 불럭의 〈머더 바이 넘버스(Murder by Numbers)〉의 공통점은 여성 주인공이 총을 휘두르며 터프하고 용감하게 위기를 빠져 나온다는 것이다.

여성들은 더 이상 청순가련형이 없다. 게임 속에 등장하는 미인은 또 어떤가? 전에는 티 없이 맑은 미소녀의 얼굴에 남성 캐릭터들의 사랑을 쟁취하기 위해 눈물을 흘리고 지배당하는 수동형이었으나 이제는 다르다.

게임 속 여성 캐릭터는 세상을 구하는 근육질의 터프한 여전사로 그려지고 있다. 강하면서도 아름다운 여성, 그것이 새로운 시대의 여성상이라고 말해도 과언이 아닐 듯싶다.

"아빠, 아침밥 주세요!"

학교 가는 딸이 아빠에게 소리친다. 분명 매일 아내와 눈을 마주치고 사는데 아침식사는 아빠가 챙긴다. 물론 저녁은 아내가 분담한다.

과거에는 '남자가 부엌에 들어가면 고추가 떨어진다.'고 했고, '팔불출'이라는 말도 있었다. 그러나 이제 하나 둘씩 달라지고 있으며 또 달라져야 한다.

내 주위의 신세대 후배들과 차를 한 잔 하면서 이야기하다 보면 어떤 식으로든 가사를 분담하고 있는 모습을 보고 놀란 적이 많다.

사실 일류호텔 요리사는 거의가 남성이고, 남성이 쓴 요리책이 잘 팔리고, TV에서도 여자가 사회를 보고 남자는 요리를 한다. '요리'를 바라보는 최근의 사회적 변화의 중심에는 '남자들' 이 있다. 남자들 중에 요리가 취미인 사람도 많고 인터넷 요리 모임 커뮤니티에서도 많은 남성회원을 발견할 수 있다. 그런가 하면 인기 남자 연예인이 '요리 책' 을 출간해 좋은 반응을 얻는가 하면 TV의 요리나 식사를 테마로 한 프로그램의 사회자로서 다정다감한 남성 MC가 시청자들의 큰 호응을 얻고 있다.

그렇다면 다른 나라는 어떨까? 미국에서는 손님이 집으로 찾아오면 남자가 음식을 만들어 대접하는 풍경이 자연스럽다. 이는 가부장제에 익숙해져 있는 우리나라 남자 같으면 부엌일은 어울리지 않는 행동일 것이다.

가부장제는 유교의 도입으로 우리나라에서 굳어진 것이나 유교의 발상지인 중국은 오래 전부터 남자들이 가사나 취사를 맡아왔으며 가사노동을 당연한 것으로 생각하고 있다. 일부 중국남자들은 집안일은 남자가 전부 해야 한다고까지 이야기한다.

중국에서 우리나라에 시집온 새댁들은 우리나라의 이상한(?) 가부장제로 인해 꿈과 행복을 보장해 줄 것 같았던 결혼 생활이 시집살이로 너무 고되어 몸살을 앓고 있으며, 그들은 한국에서는 여성이 너무 무시를 당한다고 간혹 이야기하기도 한다.

물론 서양도 마찬가지다. 몇 해 전 다녀온 캐나다와 미국 출장에서도 가정에서 남성과 여성의 역할에 관해 우리 사회와 비교해볼 수 있었다. 이때 공통적으로 느낀 것은 미국과 캐나다 남성들은 일반적으로 오후 5시 경에 퇴근해 곧바로 가정으로 돌아가 자녀양육과 교육지도, 가사분담으로 나머지 시간을 보낸다는 사실이다. 우리 식으로 퇴근 후 기분 좋게 한 잔 하고 밤늦게 들어가면 가정에 불충실했다는 죄로 부인으로부터 이혼 당하기 십상인 것이다.

우리나라의 상사원들이 그들과의 친밀감과 사교를 위해 저녁 모임 의사를 타진하면 곧바로 "No, thank you."라는 대답이 들려온다. 사회문화가 이럴진대 그 나라의 사람들과 저녁모임을 요구하는 것 자체가 큰 용기가 없으면 하기 힘들며, 만약 상대방이 들어주는 경우는 상대방 측에서 대단한 결정을 내린 것이라고 말한다.

그래서 어떤 분은 울적한 이국생활의 스트레스를 풀기 위해 결국 우리 상사원이나 교포들과 어렵게 한 잔 했다는 이야기도 들었다.

시인 고은 씨가 잠시 미국생활을 하면서 쓴 글을 보면 미국에서 남자가 자연스럽게 부엌일을 하는 것을 보고 그런 남자가 오히려 자랑스럽고 본인도 먼 곳에서 손님이 찾아오면 직접 요리를 만들어 내놓았다고 털어놓았다.

우리나라에 앉아 있으면 별반 생각 없이 지나가지만 외국과 비교한다면 우리나라의 남성들이 부엌일을 여자의 일로 치부하는 것은 결코 자랑스러운 일이 아님이 분명하다.

다행스럽게도 몇 해 전부터 우리나라 남성들도 조금씩 변화된 모습을 보이고 있다. '부엌일은 여자' 라는 고정관념을 깨고 남성들도 앞치마를 입기 시작한 것이다. 맞벌이 부부 중심으로 확산되더니 이제는 요리하는 것을 즐거움으로 삼거나, 가사부담을 나누어 가지려는 가정이 늘고 있다.

젊은 부부들이 가사일을 나누어 하는 것은 물론, 요리에 능숙한 앞치마를 입은 남편을 보는 것은, 우리 사회의 핵심적 변화를 보고 있는 것과 마찬가지가 아닐까?

이제 앞치마는 남녀공용의 유니섹슈얼 웨어로 확고히 자리매김 해가고 있다.

역할 분담에서
역할 체인지로 가고 있다

남자가 집안에서 밥하고 빨래하며 자녀를 돌보며 퇴근하는 아내를 기다린다면 어떨까?

최근 '남자는 바깥일, 여자는 집안일'이라는 이분법적 사고에 변화가 일고 있다. 아내와 남편이 역할을 바꾸는 이른바 '체인지족'이 늘고 있는 것이다. 몇해 전부터 일어났던 이 같은 변화는 이제 일상생활에 깊이 파고들어, '남자는 이런 일을, 여자는 이런 일을 해야 한다.'는 고정관념 자체를 파괴하고 있다. 백수 남편, 직장인 아내를 테마로 한 드라마가 시청자들의 큰 공감 속에 방영된 사례만 보더라도 남편들은 이제 기존 가치관에서 벗어나 여성과 유연하게 '체인지' 되기도 하는 시대에 접어든 것이다.

아내 오노 요코와의 사이에 아들이 태어나자 최초로 '전업주부(專
業主夫)'를 선언했던 존 레논 이후, 미국에서 남성들이 전업주부를
선택한 수만 해도 200~300만 명 정도로 알려지고 있다. 최근엔 대기
업 최고경영자(CEO)로 주목받고 있는 여성들을 대신해 많은 남편들
이 전업주부여서 화제가 되기도 했다.

또 CNN방송의 종군기자로 쉴 새 없이 전쟁터를 누비며 세계적으
로 유명한 크리스티안 아만포가 첫 아이를 출산했는데 두 살 연하의
남편인 루빈은 가정에 충실하기 위해 국무부 대변인직을 사직하기도
했다.

휴렛 팩커드사의 칼리 피오리나 회장과 남편 프랭크 부부도 그 예
이다. 남편인 프랭크는 미국의 거대 통신회사인 AT&T 부사장에 오
르자마자 부인인 칼리 피오리나를 돕기 위해 직장을 그만두었다. 높
은 지위에 오를수록 업무강도가 높아져 사업상 조언이나 자녀교육,
가사 등을 메워 줄 배우자를 어느 때보다 필요로 하는데 경쟁력 있는
부인을 위해 남편이 직장을 그만두고 가정일뿐 아니라 부인의 사업을
밀착 보조하는 경우이다.

미국에서는 이처럼 부인을 외조하는 남편들을 '트로피 남편
(trophy husband)'이라고 부른다. 국내 헌정사상 최초의 한명숙 국무
총리만 해도 취임 기자회견에서 "오늘 아침 식사는 남편이 챙겨줬다"
고 이야기했다고 한다.

일본도 젊은 부부들 중 수입이 많은 쪽이 직장에 나가거나 가정주
부의 역할을 남자가 맡는 가정이 늘고 있으며, 남성전업주부들을 대

상으로 하는 보육강좌나 요리강습회가 개설돼 있고, 여성 NGO에서 남성들의 요리강좌나 살림법 등을 많이 지원하고 있다.

우리나라도 당당하게 전업주부를 선택하는 남성이 점차 늘고 있다. IMF를 기점으로 소위 가정경제에 경쟁력이 있는 쪽을 중심으로 부부간의 역할분담이 바뀌고 있는 것이다.

요즘 남성들이 경제적 능력과 성적·문화적 감각을 갖춘 컬러풀한 아내를 원하는 것처럼 여성들 또한 가사나 육아, 자기 성장을 함께 꿈꿀 수 있는 남성을 원하고 있다. 예전과 같이 자식 교육을 아내 몫으로만 돌리거나 아내가 없으면 식사 한 끼 해결하지 못하거나 와이셔츠, 넥타이, 손수건, 양말 등을 아내가 챙겨 주기를 바라는 남편은 환영받지 못한다.

한때 우리의 부모님들은 딸이 높은 지위와 부를 얻기 위해서는 좋은 남편을 얻는 것이 가장 빠른 지름길이라고 생각하던 시절이 있었다.

그러나 앞으로 그런 생각은 위험할 것 같다. 선진국의 경우 이혼율이 높아짐에 따라 남성들이 아내 곁에 오래 있지 않게 되었다. 설사 남편으로 인하여 지위가 높아졌다 하더라도 부부가 갈라서 버리면 기존의 지위는 모두 사라져 버리는 모래성을 쌓는 것과 같다. 그래서 여성들도 경제력을 확보하고자 직업을 가지려는 추세로 바뀌고 있는 것이다.

여성은 아름답고 약하며, 남성은 억세고 강하다는 이분법적 사고도 무너지고 있다. 이에 따라 직업선택이나 조직 내의 역할수행에서 금남과 금녀의 성역이 무너져 내림은 물론 옷차림이나 외모도 중성화되는 추세다.

"예쁘다는 말이 싫지 않다."는 영화배우 이준기 신드롬만 봐도 우리 사회가 남자의 '아름다움'을 바라보는 태도 자체에 큰 변화가 있음을 상징적으로 알 수 있다.

그러나 이는 최근 우리 사회를 풍미한 '예쁜남자 신드롬'에만 국한되는 현상은 아니다. 이미 일반인들을 대상으로 남성전용 미용실이 증가하고 있고 남성전문 화장품이 다양화되고 있으며 상대방에게 좋은 인상을 주기 위한 관상 성형수술도 마다하지 않는다.

여성들 사이에도 미니스커트와 하이힐, 화장으로 대변되던 전통적인 여성미를 거부하는 움직임이 강하게 일고 있다. 커리어우먼들이 선호하는 활동적인 바지 정장 차림이나 넥타이 차림, 편하고 단순한 밀리터리 룩의 유행 등이 그것이다.

대학진학 시에도 의류학과, 아동학과, 식품영양학과 등에 지원하는 남학생이 늘어나고, 마도로스, 항공정비업, 지하철 기관사, 사관학교 등으로 진출하는 여성도 소수이긴 하나 눈에 띈다.

연대·고대 등 많은 대학에서 총학생회장에 여학생이 당선되는 것은 이제 일반적인 사례이고, 문호를 개방한 육군·해군·공군의 사관생도 모집에 여성들의 경쟁이 치열, 수석 입학 졸업을 했다는 기사도 종종 볼 수 있다.

직장여성들도 근무시간이 종료되면 바로 사무실을 빠져나갔으나 이제는 늦게까지 책임을 완수하고 심지어는 밤샘도 마다하지 않는다.

싱가포르의 한 기업경영인이 다른 나라 여성들에 비해 자기 일에 최선을 다하는 한국 여성들을 매우 높이 평가했다는 이야기를 들은 적이 있다. 다른 나라 여성들은 근무시간 종료와 함께 일의 완성에 상관없이 회사를 빠져나가지만, 한국 여성들은 머리도 좋을 뿐만 아니라 밤샘해서라도 자기 일을 충실히 완수한다는 것이다.

TV드라마에서도 여성의 역할이 많이 바뀌고 있다. 과거처럼 자신의 속감정을 꼭 움켜쥐고 살아가는 여성이 아니라, 밖으로 숨김없이 표출해 내는 캐릭터로 바뀌고 있다.

또한 여성이 맡고 있는 배역도 다양한데, 이를테면 남성의 직업이었던 카센터 엔지니어링이나 직업군인, CEO 등으로 여성파워가 전통적인 남성의 사회적 영역까지도 폭넓게 확산되고 있다.

이처럼 과거 남성들이 독점하다시피 한 영역에 여성들이 대거 도전하는 원인은 무엇일까? 우선 정보화 시대로 접어들면서 힘이 중시되던 시대가 가고 개인이 지닌 개성이 강조되는 시대를 맞고 있기 때문이다.

부모들은 하나 또는 둘뿐인 자식을 사내답게 계집애답게 키우기를 거부하고 다른 아이들과는 무언가 다르게, 타고난 재능 중에서 경쟁력 있는 분야의 소질을 키워주고 싶은 욕구가 강하다.

요즘 대학에서 불고 있는, 특정분야의 재능보유자에 대해 우선 입학시키는 추세와 무관하지 않다.

또 여성이 출산에서 자유로워지고 사회적 활동이 증가하면서 우리 사회가 당당하고 강한 여성을 요구하는 것도 한 원인이다.

이 같은 역할 체인지 시대에는 가정에서건 사회에서건 기존 고정된 역할의 틀을 벗어나 이제는 능력으로 평가받고, 능력으로 영역을 구축하는 시대가 왔다. 남성과 여성 모두에게 균등한 기회의 장이 열려 있는 셈이다.

신데렐라는 유리구두 대신
단화를 신는다

어릴 적 누구나 한번쯤은 읽어봄직한 동화 〈신데렐라〉는 뭉클한 감동과 동경의 대상이었다.

신데렐라는 어머니와 아버지를 차례로 잃고 계모와 그 자식들에 의해 부엌데기 같은 생활을 하였지만 요술할머니의 도움으로 드레스를 입고 유리구두를 신게 된다. 신데렐라는 마침내 무도회에 참석하게 되고 왕자의 눈에 띄게 되면서 결국에는 해피엔딩으로 끝난다.

오래된 신데렐라 이야기와 달리 여성의 사회진출이 활발한 오늘날은 어떨까? 이젠 여성들이 유리구두를 신지 않아도 얼마든지 성공할 수 있는 길이 있다.

역사의 큰 흐름은 거스를 수 없듯이 원시시대로 되돌아가지 않는

한 이러한 변화는 뒤로 거슬러 갈 수 없는 물결이자 급격히 변하고 있는 패러다임의 한 축이기 때문이다.

그 변화 중 하나는 사회적 성(性)의 의미인 젠더(Gender, 생물학적 성(性)과 대립되는 개념) 혁명이다.

그동안 여성은 남성과의 관계에 있어서 수직적이었지만 이젠 수평적 대등한 관계이자 캐스팅보드처럼 중요한 결정에 파워를 발휘하고 있기 때문이다.

지난 1세기 동안의 젠더 혁명이 참정권을 포함한 여성의 기본권을 확보하기 위한 외로운 투쟁의 혁명이었다면 이 시대의 젠더혁명은 지식정보화의 첨병을 맡고 있는 소프트 혁명이다.

또한 지난 세기가 남성과 여성, 냉전과 대립, 인간과 자연으로 이원화된 시대였다면 앞으로의 세기는 평화와 화해의 시대로 전환되어 여성적·모성적 감성과 도덕적 가치가 존중되는 사회로 패러다임이 바뀌고 있는 것이다.

시몬느 보봐르는 〈제2의 성(性)〉에서 "여자는 여자로 태어나는 것이 아니라, 여자로 키워질 뿐이다."라고 주장하고, "호르몬의 지배를 받는 것도 아니요, 여성의 뇌 속에서 미리 그런 모습을 띠고 나오는 것도 아니다."라고 했다.

남성과 여성이 서로 다른 신체적 차이는 있을지 몰라도 미리 정해진 여성적 천성이란 없다는 뜻이다. 따라서 남성성이 여성성을 지배하는 것은 정당화 될 수 없다는 의미다.

그러나 안타깝게도 우리나라는 오랜 가부장제와 남북분단 등으로 그간 여성의 지위는 미약한 수준에 머물러 있었다. 세계와 비교할 때 여성의 지식수준은 점점 높아지고 있으나 여성이 사회적으로 영향을 가져올 수 있는 여성권한 척도에서는 여전히 하위층을 전전하고 있다.

왜 그럴까? 그 이유는 여성의 지위향상과 사회참여 확대로 인한 국가적 이점을 계산하기에 앞서 부작용이나 문제점을 먼저 들추어내어 여성권한의 앞을 가로막기 때문이다.

예컨대 여성지위 선진국이라는 나라들은 대부분 이혼율이 높지 않은가, 독신으로 사는 사람들이 늘지 않는가, 지나친 여성해방의 결과로 모성의 역할이 무시되는 경향이 있지는 않은가, 오히려 남성들이 역차별을 받지는 않는가 등의 문제점을 들추어 내는 것이다.

영국 경제주간지 〈이코노미스트〉는 "여성의 경제활동 증가가 출산율 저하로 이어져 장기적으로 경제 발전을 저해한다는 주장은 맞지 않는다."면서, "스웨덴, 미국 등에서 볼 수 있듯이 정책만 제대로 마련되면 일하는 여성은 더 많은 아이를 낳아 건강하고 똑똑하게 기른다."고 보도했다. 앞으로는 여성이 세계경제 성장을 이끌어갈 것이라고 보도한 사실만 보아도 소위 우리식 사고와는 차이가 큼을 느끼게 한다.

비록 외국의 보도를 인용하지 않더라도 여성의 사회진출을 확대해야 하는 이유가 있다.

그것이 바로 패러다임의 변화이다. 세계화가 싫다고 인터넷 물결을 나몰라라 할 수도 없고, 수입농산물이 싫다고 해서 마냥 막고 있을 수 없다.

여성문제도 마찬가지다. 여성의 지위향상과 사회진출 증가로 일부 부작용이 나타난다고 해서 대세를 멈출 수는 없다.

이미 세계 여성들은 남성들과의 관계에 있어서 수직적 지배구조를 벗어나 수평적 동반자로 변하고 있거나 이미 변했기 때문이다. 과거와 다른 정반대의 가치들이 이제 패러다임의 변화라는 큰 파도를 타고 우리를 향해 노크하고 있는 것이다.

패러다임이 바뀐다고 해서 여성의 문제에 있었서만 부작용이 발생하는 것은 아니며 유발되는 부작용은 여러 가지 사회적 장치와 노력으로 함께 풀어 나가야지, 그로 인해 여성과 사회 전체의 발목을 잡고 있을 수만은 없는 것이다.

여기서 우리는 자신들에게 화두 하나를 가져 볼 필요가 있다.

'학업에서 남성보다 우수한 고학력 여성들과, 많은 잠재력이 있는 여성들의 능력을 최대의 긍정적인 방향으로 활용할 방법은 없는가?'

3부.

양성형 시대의 파도를 타라

Chapter 6. 경제를 움직이는 큰 손, 양성형 마케팅

제품도 양성형을 외면하면 곧바로 창고로 가야한다

여심(女心)마케팅은 양성형 마케팅의
전조현상이다

여성을 잡아라!

흔히 마케팅 전략에서 많이 사용되었으나 이제 인터넷 홈에서는 여성사이트를 선점하기 위해 전쟁하고 있다고 해도 과언이 아니다.

현대인터넷백화점은 20대 중반에서 30대 중반의 여성고객을 겨냥하여 다양하고 풍부한 생활정보로 종합쇼핑몰을 재단장해 새롭게 오픈하기도 했다.

기업들의 이런 움직임은 주부를 비롯한 여성들이 온라인 전자상거래 상에서 구매력이 커지고 있는 가운데 여성고객을 잡기 위한 몸부림이다. 여성들이 남성에 비해 온라인 구매성장속도가 훨씬 빠른 데다 구매력도 남성에 뒤지지 않기 때문이다.

특히 주부들을 대상으로 한 인터넷 교육이 활발하게 펼쳐지고 있고 인터넷 구매가 크게 늘어날 것으로 보여 관련업체들의 여성들을 겨냥한 마케팅활동이 거세지고 있다.

미국의 인터넷 시장조사 전문기관인 포레스트 리서치의 조사결과에 따르면 온라인 구매자 중 절반에 가까운 45%가 여성인 것으로 나타났다. 한 여론조사기관에 따르면 미국 여성들은 가계 재정의 75%를 통제하고 있는 것으로 나타났다.

젊은층을 잡기 위한 노력도 가속화 되어 가고 있다. 10대와 20대 세대들의 경우 인터넷 사용빈도가 높을 뿐 아니라 소비성향도 강해 광고주들의 구미를 당기게 하기 때문이다.

또 여성에게 어필하기 위한 광고전략에 부심하고 있다. 미국의 최대 인터넷서비스업체인 아메리카온라인(AOL)은 여성고객이 전체의 52%를 차지하여 처음으로 남성고객을 추월함에 따라, 그 동안 남성위주로 짰던 사업전략을 여성위주로 전면 수정키로 했다.

세계적인 전자상거래업체인 e-market은 여성고객이 2002년에 51%를 넘어서면서 향후 가속화 될 것으로 전망했다. IBM도 전자상거래가 확대될수록 여성구매자가 늘어나 여성이 인터넷광고나 마케팅 전략을 결정짓는 핵심세력이 될 것으로 내다보고 있다.

여성의 구매력 동기는 어디에서 생기는 것일까? 분명 백화점이나 할인점에 가보면 남성보다는 여성들이 많다. 그래서 쇼핑점의 1층 진열대에는 남성용품보다는 화장품, 향수 등 여성용품들이 많은 것을 볼 수 있다. 거기에는 이유가 있다.

'사고 싶은 물건을 보면 피가 솟구친다!' 라는 말이 충동구매 광에게나 해당되는 말이라고 생각할 법하지만 여자들에게는 이것이 보편적인 생리현상이라는 실험결과가 나왔다.

미국 하버드경영대학원의 제럴드 잘트먼 교수는 쇼핑현장에서 여성들의 뇌의 혈류와 뇌파를 관찰한 결과 마음에 드는 물건이 눈에 띠면 뇌의 혈액이 특수한 흐름을 보인다는 사실을 밝혀냈다.

즉, 물건이 몹시 마음에 들면 좌측 전두엽 피질 등 즐거운 감정과 연관된 부위로 혈류가 집중돼 자연스럽게 구매로 이어지며, 싫을 경우 우측의 전두엽 전부 피질 등 거부반응과 관련된 부위로 피가 몰리게 된다는 것이다. 또한 종업원의 친절도라든지 매장의 청결도 등도 혈류의 흐름에 비슷한 영향을 끼치는 것으로 분석됐다.

이번 연구는 소비자들이 부지불식간에 물건을 사도록 유도하기 위해 뇌파를 인위적으로 자극하는 상품이나 광고를 개발하려는 목적에서 대기업들이 자금을 지원했다.

대체로 남성들은 직장일이나 퇴근 후 모임 등으로 늦게 퇴근하기 때문에 소비할 시간이 적지만 여성들은 경제권을 쥐고 있을 뿐 아니라 가정경제를 끌고 가는 경우가 많아 쇼핑도 자주 하게 된다.

전업주부들도 가사부담이나 시댁 쪽의 스트레스, 홀대하는 남편에 대한 섭섭함으로 억눌린 마음을 풀기 위해 물건을 사거나 때로는 쇼핑하는 것만으로도 카타르시스가 된다는 이야기도 한다.

여자끼리 쇼핑하는 시간과 여자가 남자친구와 함께 쇼핑하는 시간을 비교해보니 여자끼리 쇼핑하는 시간이 2배나 길다는 통계도 나와 있다.

인간의 심리를 교묘히 상품판매로 연결짓는 마케팅에서 이런 사실을 그냥 놓치지 않는다. 여성고객을 유치하기 위해 상품진열에서부터 여가, 휴식을 취할 수 있는 시설을 설치하는 등 그야말로 모든 상품과 시설이 한 건물 내에 다 있다.

한편으로 여성들이 구매충동이 생겨나지 않아 꼭 필요한 물건만 사게 된다면 어떻게 될까 하는 고민도 된다. 몇 년 전 IMF가 한참 진행될 때 있는 사람들도 덩달아 소비하지 않아 기업들이 어려움에 처한 것만 보아도 적당하고 품위 있는 소비는 돈의 순환을 도와주는 것이 틀림없어 보인다.

히트상품을 만들고 싶은가? 그럼 여성에게 충성하는 제품을 만들어라. 여성들에게 충성하지 않는 제품은 시장에서 외면당하여 결국에는 창고나 태어난 고향으로 되돌아가야 한다.

양성형을 중심으로 돈다

세상이 빠르게 변하다 보니 우리들은 한 세대 내에서도 여러 번 변신을 해야 살아날 수 있는 시대를 살고 있다.

특히 디지털 혁명은 자고 나면 기술혁명이 일어나 어제 알았던 것은 옛것이 되고 말아 한 패러다임에서 다음 패러다임으로 변화하는데 많은 시간이 필요하지 않는 것이다.

과거 농업혁명의 파급은 5,000년이 소요되었으나 산업혁명은 200년, 디지털혁명은 불과 30년 만에 전 세계로 확산되었다. 첫 기술 도입 후 이용자수가 5천만 명이 되는데 걸리는 시간을 보면 라디오는 38년, TV는 13년, 인터넷은 불과 5년만에 이룩되었다.

모두가 또 다른 최초탄생을 위해 그리고 대박을 위해 소리없는 총성을 울리면서 전쟁을 치르고 있는 느낌이다.

1848년 이후 캘리포니아에서 총 20억 달러 상당의 금이 발견되었듯이 디지털 혁명은 새로운 부를 창출하고 있다. 1852년 영국에서 철도가 발명되었으나 미국에서 넓은 대륙 오가며 상대적으로 저렴한 운송수단으로 발전했으며, 전화는 1876년에 발명되었으나 1980년 이후 디지털 신호전송시 유리섬유가 이용되면서 전송능력이 급격히 증가하고 이동통신기술로 이동성까지 높였다.

TV는 1926년에 발명되었으나 통신위성의 발전으로 채널폭이 확대되고 디지털 방식으로 전송됨에 따라 프로그램 전송률이 급속히 증가하였다. 컴퓨터는 1940년에 발명되었고 IBM은 1981년 개인용컴퓨터 PC를 개발하고, 1990년대 이후 용량이 급격히 향상되어 인터넷을 통해 네트워크화 되어가고 있으며, 이제는 여성들에게 적합한 지식정보화 시대가 다가오고 있는 것이다.

지난 세기의 미래학자나 경제학자들은 21세기를 여성의 세기가 될 것이라고 말하는데 주저하지 않았다. 정보화시대로 요약되는 21세기는 여성(Female), 감성(Feeling), 상상력(Fiction)의 3F시대가 열리리라는 전망이었다. 앞으로 21세기에는 어떻게 변화할지 궁금하기도 하고 한편으로는 두렵기도 하다. 우선 물리적인 힘이 중요시되던 시대는 가고 지적 능력이 중시되는 사회가 될 것이 확실하다. 이에 따라 지적 능력이 중시되는 사회는 남자와 여자의 성별구분은 무의미해진다.

더구나 인터넷은 또 하나의 신대륙으로 경쟁력 있는 여성들에게는 성별차별이 있을 수 없어 가히 여성들에게는 자신의 능력을 한껏 발휘할 수 있는 세상이 온 것이다.

그 동안 과학기술의 발전이 여성의 지위를 뒤흔들어 놓았지만 인터넷의 발전은 20세기 초에 유럽에서 번진 코르셋 벗어 던지기 이상으로 여성의 사회진출과 지위향상에 엄청난 파워력을 가지고 있다.

아이러니컬하게도 사람을 죽이는 국방목적으로 발명된 인터넷이 이젠 여성의 시대를 촉진시키는 신문명으로 다가와 여성의 권익신장에 엄청난 힘을 보태주고 있는 것이다.

2000년 4월에 APEC 회의차 우리나라에 들른 미래학자 앨빈 토플러 박사는 "현재는 지식·디지털 혁명의 첫 단계에 불과하다."며 "인터넷이 모든 기존조직과 관행, 사고, 경영스타일을 뒤엎어버리는 무시무시한 혁명은 아직 시작되지도 않았다."고 강조한 사실은 우리에게 시사하는 바가 적지 않다.

또한 "디지털 혁명도 역시 혁명이며 혁명에는 예외없이 피냄새가 난다."고 강조하고 "모든 게 뒤바뀌고 신분상승과 하락이 엄청난 속도로 일어나며 사회·문화제도, 도덕과 정치적 혼란이 수반될 것."이라고 예견한 점은 미래가 희망적이기보다는 오히려 인간간의 경쟁을 촉발시켜 더욱 여유없는 삶을 예고하는 것 같아 두렵기만 하다.

현재 진행되고 있는 디지털 혁명은 그동안 힘에 의존한 남성들의 전쟁과 분명 다르다. 두뇌와 창의력만이 살아날 수 있는 고도의 지식사회가 되기 때문에 여성의 역할은 더 커질 것이며, 그동안 남성에 비해 뒤떨어진 사회적 지위를 높이고 신분을 상승시킬 수 있는 절호의 기회를 맞고 있다.

여성파워를 업그레이드 시킨 키친혁명

"**캐나다 남성들은** 빨래도 해줍니까?"

지난번 여성지위 선진국이라 할 수 있는 캐나다 출장길에 남자들의 가사부담을 어디까지 하고 있는지 궁금하여 이민 온 지 30년이 지난 여성교민에게 물어보았다.

그런데 교민의 이야기는 "이곳에서의 빨래는 아이들도 할 수 있을 정도로 가장 쉬운 일로 남자들이 하는 것은 당연한 일이에요."라며 아직도 고국에서는 가사부담의 대부분을 여성들이 다하고 있느냐고 오랫동안 성토하는 것이었다. 이러다간 귀중한 시간을 다 뺏길 것 같아 얼른 중간에 말을 끊고, 가사부담에 있어 우리나라와의 차이점에 대해 여러 가지 물어보았다.

빨래할 때 캐나다가 우리나라와 다른 점의 핵심이라면 건조기와 옷감의 재질이었다.

우리나라에서 건조기가 생산되지 않는 것은 아니지만 이런저런 이유로 세탁기에 비해 보편적으로 사용되지 못하고 있는데 캐나다의 경우는 좀 다르다. 각 가정에 건조기가 없는 가정이 없을 정도로 일반화되어 있다. 먼저 일반적인 세탁과정을 살펴보자. 먼저 세탁기에 빨랫감을 넣고 탈수까지 마친 상태에서 옷감을 다시 건조기에 넣고, 건조기에서 건조작업이 완료되면 옷장 속에 넣을 수 있도록 잘 펴서 정리만 하면 된다는 것이다.

그렇다면 옷에 구김이 생겨 다림질이 필요하지 않겠는가라고 생각할 수 있으나 다림질이 필요 없을 정도로 구김이 없다는 설명이다. 그래도 의심스러워 "그렇다면 와이셔츠 정도는 다림질이 필요하지 않는가?"라고 물으니 캐나다에서는 가사부담을 줄이는 쪽으로 옷감이 발달하여 100% 면보다는 혼합된 섬유로 와이셔츠를 생산하기 때문에 건조 후 다시 다림질할 필요가 없이 손으로 잘 펴주기만 하면 된다는 것이다.

모든 인류의 발명이 그랬듯이 우연한 계기로 탄생하여 문명을 뒤흔들었는데 세탁기의 경우도 그런 예가 아닌가 생각된다.

1874년 블랙스톤이라는 과학자는 평소 빨래 때문에 고생하는 아내를 돕고자 생일선물로 손으로 돌려서 세탁하는 기계식 세탁기를 최초로 고안하였다. 당시 이 기계식 세탁기가 발전하여 여성의 생활을 뒤집어 놓을 것이라고는 생각하지 못했을 것이다.

1999년 프랑스 여성잡지〈마리 끌레르〉는 지난 세기를 되돌아 본 기획특집에서 여성해방에 가장 큰 기여를 한 과학발명품으로 세탁기를 지목했다. 여성 노동력의 시간을 단축하고 가사 노동에 기계를 배치시킴으로서 여성의 업무를 분담하게 된 노고에 대한 치하인 것이다.

또한 미국과 유럽에서 20세기 초에 상품화된 진공청소기는 당시 여권운동가들 사이에서 '여성해방의 후원자' 라는 별명을 얻을 정도로 큰 환영을 받았다.

산업의 급속한 발전은 대량생산과 대량소비로 이어지고 2차대전 이후 기존의 부엌문화에 여성의 육체적 가사노동을 덜어줄 수 있는 자동화된 가전제품이 속속 발명되었다.

우리나라도 불과 몇 십 년 전만 하더라도 여성들은 낮에는 부뚜막에 쭈그려 앉거나 구부리면서 안과 밖을 왔다 갔다 하며 많은 시간을 보냈다. 땔감은 산에서, 빨래는 마을 앞의 개울이나 가까운 강에서, 식수는 마을 공동 우물에서 길러와야 했다. 여기에다 기본적으로 논농사, 밭농사, 가축 키우기 등은 공동의 몫이었다.

그러다보니 그야말로 바쁘면 밥 한 끼도 제때 못 먹을 정도였다. 그에 비하면 지금은 어떤가? 시골이든 도시든 수도가 나오지 않는 집이 없고, 땔감도 가스나 기름을 쓰며, 식탁도 부엌 옆에 있어 밥상을 나르는 수고스러움도 없어졌다. 가사노동에만 얽매여 모든 시간을 보내야 했던 여성들의 억압된 생활을 세탁기를 비롯한 가사제품들이 하나의 해방구를 마련해 주었다고 볼 수 있는 것이다.

1970년대 세탁기를 시작으로 냉장고, 전기밥솥, 청소기, 다리미,

전화기, 텔레비전, 가스레인지 등 없는 게 없을 정도로 가전제품이 각 가정마다 보급되면서 그 동안 부엌일을 도맡아 온 주부들의 시간과 일손을 크게 덜어 주었다.

이러한 전자제품의 보급은 가사의 부담만 덜어준 것이 아니다. 결혼은 곧 퇴직이라는 취업 관에도 영향을 미쳐 결혼 후에도 직장을 계속 다니는 여성이 늘어났으며 취업여성 중 기혼여성의 비율이 1980년대 들어 처음으로 절반을 넘기 시작했다. 이제는 여성이 직업을 갖는 것이 특별한 선택이 아니라 사회를 구성하는 당당한 일원으로서 과거에 비해 보편적이고 당연한 일이 되었다.

문명의 변화는 과거 남성보다는 여성이 담당했던 분야로 거센 혁신의 바람이 몰아쳐 과거 여성들이 불편해 했던 분야에 파고들어, 여성들이 사회생활에 참여하고 성공할 수 있는 발판을 마련한 것이다. 이를 두고 보수적인 남성들은 문명을 새롭게 여는 것은 남성들인데 이로 인해 편해지고 이득 보는 것은 여성이라고 불만(?)을 토로하기도 한다.

이제 상품을 만들 때도 여성의 맘에 든다면 홈런으로 연결되는 반면, 여성의 눈밖으로 난다면 병살타인 시대에 살고 있다.

더 이상 난공불락의
성역(性域)은 없다

불과 얼마 전까지도 국제 사회는 냉전체제의 이데
올로기에 의한 군사안보 논리에 좌우되었다.

그러나 자본주의의 완승으로 끝난 이념간의 종지부는 이제 경제
강국의 논리로 대체되었다. 세계화·개방화의 큰 흐름은 국경 없는
지구촌 경제 시대로 발전하고 있다. 다국적기업과 세계적으로 떠도는
대자본의 장난은 한 나라의 운명을 좌지우지 할 수 있는 강력한 무기
임에 틀림없다.

세계는 정보가 사고의 한계를 뛰어 넘어 빠르게 퍼져 나가는 광속
사회로 진입하고, 멀티미디어 통신, 가상 체험이 현실화되었다. 우리
는 어디서나 필요한 정보에 접근하여 공간과 시간이 압축되며 경제활

동의 프론티어가 확대되는 멀티미디어 시대에 살고 있다. 그러다 보니 자연히 직업도 다양해져 과거에는 상상도 못하던 신종 직업이 등장하기도 한다.

디지털은 방송, 통신, 음반, 영상, 콘텐츠에 영향을 주었으나 인터넷은 디지털에서 추가하여 생산 활동, 금융, 유통, 출판, 의료, 교육 등 모든 부분에 영향을 미치고 있다. 또한 가상 세계의 상품으로 용가리나 다마고찌와 같은 사이버 캐릭터, 사이버 부부, 사이버 가수가 등장한다.

또한 이로 인한 폐해도 많은데 쓰레기 정보의 범람, 정보망의 침범과 사생활의 침해 등이 그것이다. 정보를 먼저 장악한 국가와 그렇지 못한 국가간의 차이가 심화되기도 한다. 일례로 전쟁 시뮬레이션을 도입한 미국이 이라크 전쟁에서 정확한 목표공격으로 일방적인 승리를 거둔 것을 들 수 있다.

그 동안 남성성이 우세하였던 분야에서 이제 남성들이 남성성을 지킬 시간이 없을 정도로 빠르게 변화되고 있다. 유연한 사고와 민첩한 적응력이 없으면 도태될 수밖에 없는 현실이다. 여성들은 세계화와 정보화 사회에 발 빠르게 대처해 나가면서 점차 남성의 영역에 도전장을 내밀었다.

남성의 전유물로 여겨졌던 분야에 여성들이 도전하는 예도 있다. 서울시는 10여 명에 불과한 여성 염습사를 양성하기 위해 '상·장례지도사' 과정을 국내 최초로 개설하였다. 여성 사망자는 많은데 장례상담에서 시신을 거두는 수시(收屍), 시신을 깨끗하게 목욕시켜 수의를 입히는 염습(殮襲), 입관(入官), 출상(出喪), 하관(下官), 장례 이후의 절차 등을 관장하는 일은 많은 부분을 남성들이 해왔는데 그것은 그동안 여성들이 이런 분야에 종사하는 것을 꺼려왔기 때문이다.

그렇다면 그동안 '남성의 성역'이라고 하는 다양한 직업 분야에 여성들이 대거 진출하는 이유는 무엇일까? 핵심적인 것은 여성들이 출산으로부터 자유로워졌다는 것이다.

과거 같으면 '사회적 노동력'의 재생산을 위하여 자식들을 많이 낳으려고 했지만, 의학 기술의 발전과 평화의 시대에 접어들면서 문명의 발전으로 노동력의 양적 증대는 중요하지 않게 되었고, 여성의 사회 진출이 증가함에 따라 출산과 육아에 대한 비중이 줄어들게 되었다.

게다가 기술 문명이 하드적인 산업에서 소프트한 산업으로 발전하면서 남성들의 주특기인 육체적인 힘보다는 정신적인 상상력과 감성, 창의력 등이 중요한 가치로 떠올랐기 때문이다.

감성을 움직이지 못하는 마케팅은 마네킹이다

몇 년 사이 우리사회에서는 '여성전용'을 캐치프레이즈로 내건 상품이나 서비스가 눈에 띄게 늘고 있다.

여성 전용 주차장, 휴대폰, 신용카드가 하나 둘씩 생겨나기 시작하더니 이제는 여성들을 타깃으로 하는 소비문화 트랜드는 미래트랜드로 견고하게 자리잡았다.

그 이유는 바로 '여성'이 미래트랜드를 주도해 나가기 때문에 여성의 마음을 잡지 않고는 마케팅 경쟁에서 살아남기 어렵다고 보기 때문이다. 이로 인해 기업들은 마케팅 분야에서 여성 즉, 여심(女心)을 잡아야 한다는 위기감이 일고 있는 것이다.

여권신장과 함께 경제가 발전하고 잘 살수록 여성들의 구매결정권과 발언권이 높아지게 마련이다. 이는 단순히 경제적인 성공을 위해 여성 고객을 유혹하는 것 이상의 의미를 지닌다. 여성의 마음을 고려하고 입장을 배려하는 사회적 분위기와 더불어 여성의 사회적 입지 성장과도 연관되어 있는 변화이기 때문이다.

그렇다면 이제 각 분야에서 일고 있는 여심(女心)잡기 속으로 들어가 보자.

- 국민은행의 '행복드림통장'은 여성전용으로 금리우대·암보험 가입혜택을 주며, 우리은행의 '미인통장'은 여성고객이 출산 또는 결혼을 하면 우대금리를 적용한다.
- 신한은행의 '탑스 레이디플랜 저축예금'은 건강검진과 인터넷 홈쇼핑·웨딩컨설팅 등을 이용할 때 할인혜택을 주며, 기업은행의 '여성시대 통장'은 만 18세 이상의 여성에게 금리를 우대한다.
- 현대자동차의 뉴아반떼XD '님프'는 개발단계에서부터 여성에 초점을 맞춰 여성전용 우드그레인·조수석 에어백 등을 장착했고, 기아자동차의 '모닝'도 과거에는 상상하기 힘들었던 오렌지 컬러를 대표적인 색상으로 내세웠고, 프라이드에 중형차 이상에만 적용했던 후방 경보장치를 옵션으로 넣었다.
- GM대우의 '마티즈'도 덮개식 화장거울을 운전석에 채택했고, '토스카'는 피부보호를 위해 햇빛을 차단할 수 '선바이저 익스텐션'을 설치했다.

- TV홈쇼핑의 경우 고객의 80%는 여성이며, 대형 쇼핑매장이나 롯데백화점의 경우 주요고객인 여성 이용자를 우대하기 위해 '여성전용' 주차장을 마련하고, 젖먹이 수유실과 같은 다양한 편의시설을 갖췄다.

- 힐튼 등 일부호텔에서도 여성전용 주차장을 설치하고, 대한항공도 기내에 여성전용 화장실을 만들었다.

- 외환카드의 여성전용카드인 '아이미즈카드'는 유명 미용업체 최고 30% 할인·백화점 및 대형 할인점 2~3개월 무이자할부·면세점 10% 할인이 가능하며, 하나은행의 '이브카드'는 백화점·제화점·의류점·할인점 등 할부거래가 가능한 국내 모든 가맹점에서 2~3개월 할부수수료가 면제된다.

- 삼성 '지엔미 카드'는 현대백화점이나 신세계백화점, E마트 등에서 2~3개월의 무이자할부와 에버랜드·롯데월드와 같은 8대 놀이공원 무료입장 혜택들도 부여한다. 비씨카드의 '프리마돈나 카드'는 무이자 할부·외식서비스·미용할인·웨딩·어린이 관련 서비스 등 여성들이 선호하는 서비스를 집중적으로 제공하고 있다.

- SK텔레콤, LG텔레콤과 같은 휴대폰 시장도 여성들을 잡기 위해 특정 시간을 할애하여 요금을 무료 또는 할인하여 유혹하고 있다.

- 헬스클럽, 스포츠센터, 찜질방 같은 레저·휴식공간 사업도 마찬가지다. 별도의 여성전용공간을 확보하여 여성들에게 필요한 시설들을 구비해 놓는다.

- PC방도 여성 이용자를 위한 채팅방을 따로 꾸민다. 이대 앞에는 여성전용 만화방도 생겼다. 이곳에서는 흡연이나 성인만화를 볼 때 남자눈치를 볼 필요가 없기 때문이다.
- 미용실도 여성 전용으로 꾸민다. 깔끔한 남성을 전 직원으로 배치하여 극진한 서비스를 제공한다.
- 인터넷 쇼핑몰이나 웹진, 토털서비스 등도 여성을 잡기 위해 안간힘이다. 여성전용 인터넷 사이트가 급격히 증가하고 있다.

이러한 변화의 초기에는 과연 여성만을 위한 사업장이 성공할 수 있을까 회의적인 시각도 많았다. 하지만 이제는 여성들만을 위한 아이디어 짜기에 분주하다. 남성 중심으로 돌아가던 사회가 획기적으로 변화하고 있는 것이다.

여성전용공간과 시설이 늘어가는 것은 무엇보다 여성들의 사회진출이 늘어나고 여성의 사회·경제적 역할이 강화되고 있기 때문이다. 전업주부 역시 이전에 비해 가정의 경제 지배권이 늘어났고, 구매결정권도 남성보다는 여성들이 쥐고 있는 것도 이러한 변화의 이유로 볼 수 있다.

타율이 높으면, 여성을
4번 타자로 내세워라

미국에서는 육아와 살림에 전념하는 남성을 SAHD(Stay at home Dad ; 집에 있는 아빠)라고 부른다. 인구조사 통계에 의하면 1993년에는 약 46만 명이었으나 2000년에는 약 200만 명으로 늘었다. 증가한 이유는 육아비 부담을 줄이고, 부모 중 한 명이 아이를 키워야 한다고 생각하는 부부들이 늘어나기 때문이다.

이때 기준으로 작용하는 것이 부부의 소득이다. 소득이 더 많은 쪽이 일하고 낮은 쪽이 자녀를 키운다. 그것은 한쪽이 영원히 일을 그만두는 것이 아니라 일시적인 타협책의 일환으로 이루어진다. 이러한 선택은 부부간의 역할 분담에 대한 지극히 합리적인 최선의 선택으로 생각한다.

아이 키우는 아빠가 늘어남에 따라 살림과 육아비결을 알려주는 안내책자가 나오고 있고, 쇼핑몰의 남자 화장실에도 기저귀를 갈아주는 선반이 등장했다. 물론 애로사항도 있다. 우선 집안일에 서툴고 한낮에 공원에서 아이와 놀고 있으면 경찰이 이상한 눈초리로 감시할 뿐만 아니라 아이 엄마들이 모임에 끼워주지 않아 따돌림을 당하기도 한다. 또 아이에게 몰두함으로써 세상으로부터 고립되지 않을까 하는 우려도 하게 된다. 또한 남성이 가사활동 참여를 회의적으로 생각하는 이유는 가사활동이 허드렛일이라는 생각에 남성의 권위와 어울리지 않는다고 여기기 때문이다. 그러나 최근 가사활동과 육아를 경험한 대부분의 남편들은 아이들과 보내는 시간을 행복해 하고, 경험이 쌓이다 보면 모든 가사 일들을 잘 해내기도 한다. 시간이 흐르면 이웃의 주부들과도 스스럼없이 가사나 육아에 대해 의견을 교환하기도 한다.

스웨덴에서는 1986년부터 남녀역할 구분 철폐정책이 실시되었다. 그 결과 스웨덴은 다른 나라보다 남성과 여성간의 성역할 구분이 미미하다고 한다. 연구에 의하면 스웨덴 아버지의 44%가 부성휴가를 사용하고 있으며 평균 휴가 일수는 53일로 나타났다고 한다.

스웨덴의 남성들은 가사활동 참여율이 높은 편이며 자녀와 놀아주거나 아이들 음식 먹이기, 아이들이 아프거나 피곤할 때 달래는 일 등을 하며 아내와 공동으로 가사를 담당하고 있다고 한다.

미국 연방법원은 여교사에게만 1년간 무급 양육 휴가를 주는 것은 차별이라는 판결을 내렸다. 1999년 미국의 고용평등위원회는 자녀 양육 휴가는 부부 모두에게 동등하게 주어져야 한다는 입장을 채택하기도 하였다.

일본은 1992년 남녀를 불문하고 육아 휴직을 얻을 수 있는 육아 휴업법이 제정되었지만 아직 육아 휴가를 사용하는 남성은 거의 없다고 한다. 그러나 일본에도 육아 참여를 주장하는 남성들이 늘고 있다.

우리나라도 서울대를 졸업한 행정고시출신의 중앙노동위원회 모 사무관이 딸을 키우기 위해 휴직한 사례가 있다. 아내가 정보통신 관련 애널리스트로 일하는데 자신보다 연봉이 800만원 정도 많기 때문이었다. 그런 경제적인 이유도 있지만 무엇보다 남자는 휴직을 했다가도 다시 쉽게 직장으로 복귀할 수 있는 반면에 여자는 한번 떨어져 나온 직장으로 돌아가기가 극히 어려운 점 때문에 남편이 휴직을 하기도 한다.

여기저기 살펴보면 우리나라도 살림하는 남편이 많이 늘어났다. 일을 하고 있는 아내를 대신해 살림하는 남편은 적성에 맞는 사람이 살림을 하는 것이 당연하다고 말한다. 살림하는 남자로 유명한 김전한 씨는 인터넷 카페도 만들어 살림하는 남자의 이야기를 세상에 알리고 있다. 작가인 그는 영화 쪽과도 관련이 있어 그의 이야기를 영화로 만들자는 감독도 있는 모양이다. 그의 이야기가 영화화 된다면 살림하는 남자가 더 늘어날지도 모르겠다.

이제 여성과 남성이라는, 아내와 남편이라는 고정된 생각을 떨치고 경쟁력 있는 쪽을 밀어 주는 것이 여러모로 이익이며 합리적일 것이다. 이것 또한 여성과 남성의 영역을 확실히 구분 짓던 예전과는 다른 사고방식으로 점차 그 사례도 증가할 것으로 보인다.

여성과 뭉치면 살고
혼자 싸우면 죽는다

여성에게 가사 전담과 사회 참여 중 어떤 것이 더 중요한가? 이러한 물음에 과거에는 가사 일에 높은 가치를 두었으나 현재는 그런 의식이 점점 사라지고 있다.

우리나라 여성인력이 어떻게 변해 왔는지 살펴보자. 먹는 문제가 가장 중요한 국가 정책이었던 1960~70년대에는 경공업 위주의 제조업 단계에서 기업내 여성인력은 '여공' 이라는 단어로 대표되는 단순 생산직이 주류였다. 상대적 저임금이 우리 경제성장의 큰 밑천 역할을 했다.

이후 1980년대로 넘어오면서 여자 상업고등학교를 졸업한 여성들이 사무실의 문서 수발이나 단순 경리, 타자와 같은 보조적인 업무를 수행했다. 물론 결혼하면 당연히 퇴직하는 관례는 계속되었다. 1990년에 들어서면서 대졸 여성들이 뿌리를 내리기 시작했으며, IMF이후 경제의 급격한 소프트화에 따라 여성인력이 활약할 수 있고 또 비교우위를 갖는 경제공간이 크게 넓어졌다.

우리는 사회적 성공의 여부가 돈에 의해 가늠되는 사회에 살고 있다. 금전적인 보상이 없다면 가치를 인정받지 못하는 것이 현실이다. 살림하고 애 키우는 일은 돈으로 환산할 수 있는 중요한 일임에도 불구하고 가치 있게 평가받지 못했다.

한국 주부들의 1년간 가사노동의 총 가치는 72조원으로 한 명이 매달 113만원에 해당하는 무급 노동을 하고 있다는 통계가 나와 있다. 국내총생산 즉 GDP로 환산한다면 15%를 차지하는 셈이다.

많은 경제 전문가들도 성장의 한계에 직면한 우리 경제의 성장 동력을 여성인력에서 찾아야 한다는 데 의견이 일치한다. 서구 사회는 이미 여성인력의 총동원 체제에 들어와 있다.

그 이유는 세계적으로 유명한 우리나라의 교육열에서 찾아볼 수 있다. 인구당 박사 수에 있어서 세계 최고 수준을 자랑하지만 낮은 국가 경쟁력과 더불어 경제 위기가 감돌고 있는 것은 인구의 절반인 여성인력이 잠자고 있기 때문이다.

기업내 여성인력의 활용과 발전을 가로막는 가장 큰 장애 요인은 여성의 경력 단절이다. 여성은 시작부터 수적인 열세로 조직과의 연대감 형성도 쉽지 않고 역할 모델도 없다. 우리 사회에서 경력이 단절된다는 것은 영향력이나 승진 기회에서 여성이 상대적으로 불리하다

는 의미이다. 사기와 생산성이 떨어진 여성인력은 출산과 육아의 부
담을 이기지 못하고 직장 생활과의 병행을 단념하게 된다. 경력 단절
은 조직 내부적으로 여성인력에 대한 투자와 활용 중강을 회피하게
하는 근거를 제공하는 악순환을 겪게 한다.

여성 문제는 여성인력 개발, 능력 개발 등을 통한 여성 전문인력
양성과 전문성을 확대하는 방향에서 접근해야 풀린다. 여성이 일을
하는 것은 이제 권리가 아니라 의무이다. 여성을 살찌우는 것이 곧 가
족을 살찌우는 것이고 사회 전체를 살찌우는 것이다.

OECD의 한 간부는 인도의 한 여성에게 컴퓨터 비용으로 1,000달
러를 지원했는데 5년 뒤에 그녀를 만나 보니 자신은 물론 두 자녀가
모두 컴퓨터 전문가가 되어 있었다고 말한다.

'최근 말레이시아 국제회의에 갔더니 그 나라 중앙은행에 60%가
여성 직원이었다.'

우리나라 중앙은행인 한국은행 박승 전 총재가 기자 간담회에서
한 말이다. 그래서 당장은 어렵겠지만 10년 내에 여성 중에서 국장,
부총재급 고위 간부를 배출토록 하겠다고 말했다. 그 동안 보수적인
문화가 지배하던 은행권에서 여성들이 서서히 전면에 나서면서 은행
의 꽃인 지점장으로 여성들이 발탁되거나 여성 승진이나 해외 연수
등도 활발하다.

1990년대 기업내 인력의 이슈가 성차별 문제였다면 앞으로의 화두
는 여성인력을 어떻게 확대할 것인가의 문제일 것이다. 우리나라가
2010년까지 국민소득 3만불이 되기 위해서는 가득 찬 남성인력보다

는 잠재적 활용 가능성이 많은 여성인력을 어떻게 활용하느냐에 그 성공의 여부가 달려 있다.

잘 사는 나라치고 가장 한 사람이 벌어 4인 이상의 가족을 부양하는 나라는 드물다. 맞벌이가 일반화되지 않고서는 2~3만달러의 고소득 국가가 되는 것은 불가능하다.

여성인력을 잘 활용한 국가일수록 경제 성장이 빠르다는 세계은행의 발표도 있다. 전 세계적으로 여성인력의 역할과 비중이 증대되고 있다. 쉽게 말해 여성 활용이 높은 유럽 쪽과 미국, 호주, 뉴질랜드 등을 보면 우리보다 잘 살고 있지 않는가?

여성들을 남성못지 않게 훌륭하게 키워 놓고 사장시키는 이상한 나라, 소중한 인구의 절반을 버리고 전투에 참가하는 격이다. 미국은 중소기업 중 약 40%가 여성이 사장이며, 여성이 약 40%의 국부를 창출하고 있다.

Chapter 7. 세상의 수레바퀴를 끄는 힘, 양성형 인재

양성인자를 소유하지 못한 인재는 결국, 아웃당한다

향기나는 혁명
여성 CEO가 온다

국무총리, 장관, 국회의원, 장군, 대법관, 외국대사, 기업최고경영자(CEO), 대학총학생회장….

모두 우리나라에서 여성들이 진출한 분야다. 과거 같으면 'only 남성'의 울타리로 겹겹이 쌓여 여성들은 얼씬도 하기 어려운 자리였지만 한명숙 국무총리의 탄생을 보았듯이 이젠 실력과 능력으로 무장한 여성들이 금남구역을 야금야금 파고들고 있다.

사회 지도층에 여성들이 크게 증가하는 현상은 우리나라만의 특별한 현상이 아니다. 오히려 선진국에서는 보편화된 현상이다.

뉴질랜드를 예로 들면 총독, 총리, 대법원장, 국회의장을 모두 여성이 맡고 있다. 또한 각료 19명 중 9명이 여성이고 세계 48개 공관 중

12개를 여성 공관장이 이끌고 있으며 한국 주재 대사도 여성이다.

미국 전체 사업체에서 여성 경영자가 이끄는 사업체 비중은 47.7%(2004년)로 거의 절반에 가깝다. 5년 전 38%에 불과했음을 고려할 때 엄청난 변화다.

여성 최고경영자(CEO) 돌풍과 함께 그 동안 미국에서 남성들이 독점하다시피 했던 '코너 오피스' (중역실)에 여성들이 속속 진출하고 있다.

산업의 무게중심이 제조업에서 정보기술로 이동하면서 경영인의 덕목이 남성에게 유리한 조직장악력과 대외정치력에서 창의력과 유연한 사고 쪽으로 바뀐 때문이다.

우리나라의 경우도 여성 사업체 비중은 10명 중 3.6명(2004년)이며 앞으로 꾸준히 증가하는 추세다.

일하는 여성 하면 과거 1960~70년대 저임금 여공이나 버스 차장을 연상하기 쉬웠으나 1980~90년대를 거쳐 오면서 사무직 여성이 하나 둘 늘어나기 시작하여 여성공채 시대를 맞았고 이젠 여성 상사, 여성 CEO들이 배출되고 있다.

미국 인류학자 헬렌 피셔는 "여성들은 선천적으로 다른 사람과 수평적 관계를 형성하는 경향을 갖고 있다. 이런 관계를 힘으로 여기기 때문이다. 이런 점에서 여성들이 고객을 유치하는 데 탁월한 능력을 보이는 것은 당연한 결과." 라고 말하기도 했다.

여성은 섬세함과 관용, 합리적 사고로 강력한 조직을 만들 수 있을 뿐만 아니라 민주적이고 부드러운 리더십으로 친밀하고 관계 지향적이며 감성과 상상력이 이끌어갈 지식정보화 사회에서 가장 강력한 경쟁력이 되기 때문이다.

또 여성들이 남성보다 더 소비자 감각에 익숙하고 친화력이 있어 더 적합하다는 것이다.

미국에서 성공한 여성 기업인들에게는 공통점이 있다면 강한 승부욕과 프론티어정신이다.

특히 대기업과 월가는 우리나라처럼 학연과 인맥이 중시되는 가부장적 남성주의가 지배하고 있어 도발적 제안과 강한 업무추진력이 없으면 살아남기조차 어렵다. 여성 기업인들의 대부분은 장녀이고, 남녀공학대학을 나왔다는 점은 이런 분위기와 무관하지 않다.

여성 경영인의 약진이 두드러진 곳은 컴퓨터·인터넷 등 정보통신 분야와 화장품·금융·광고·미디어와 같은 전통적으로 여성시장이 큰 분야이다.

과거에는 정치력과 같은 대외관계가 기업경영에 중요한 변수였으나 기술·창의력 등 순수한 경영능력이 중시되는 것도 여성돌풍의 중요한 배경이 됐다.

국제적인 경영자 헤드헌터 업체인 콘 페리의 관리이사 만데라인 콘딧은 "과거 기업이사회는 남성 경영자의 사교장이었으나 경영실적이 갈수록 중요해지면서 여성의 다양한 경험과 사고, 의사결정 방식이 큰 의미를 갖게 됐다."고 말한다.

여성지도자와 여성CEO의 증가는 남성위주의 상사에서 곧 여성상사시대로 무게중심이 이동한다는 의미이기도 한다.

여성상사 밑에서 일하느니 그만두는 게 낫다고 자존심 운운하며 한탄하다가는 신세망칠 수 있다. 과거 같으면 여성인력이 워낙 없다 보니 여성을 배려하는 차원에서 상사를 임명하였지만 이젠 다르다.

기업의 경쟁을 높이기 위하여 철저하게 성과주의에 입각하여 능력이 뛰어나면 '남자와 여자를 가릴 것 없이' 임원이나 리더로 발탁한다.

남성들이여! 여성상사시대를 대비하라!

화장실은 따로 써도
군복은 똑같다

미국 워싱턴에 알링톤 국립묘지가 있다. 이곳에는 케네디 대통령을 비롯한 그의 동생 로버트 케네디와 윌리엄 H. 태프트 대통령, 워싱턴 D.C 설계자 랑팡, 페리제독들이 묻혀 있다.

그런데 한가지 놀라운 사실이 있다. 국립묘지 중간 지점에 여군묘지 구역이 있고 그 옆에 여군기념관(The Women's Memorial)이 세워져 있었다.

여군기념관 건물에 들어가 보니 민간인의 신분으로 전쟁에 참여하였거나 국가를 위해 간첩 활동한 여성뿐만 아니라 한국전쟁 등에서 활약한 여군들의 모습이 생생하게 잘 전시되어 있었다.

남자군인에 비해 여군의 숫자는 많지 않을 것이나, 소수라도 국가

를 위해 생명을 바친 희생정신에 대해 마땅히 기념되는 사실에 미국
이라는 나라를 다시 한 번 더 생각하게 했다.

우리나라의 여군 역사는 길지 않고 병력도 많지 않다. 그래서 국방
부가 여성들에게 그동안 제한하였던 문호를 크게 개방하여 여군인력
을 대폭 확대하고 있다.

활용분야도 기존의 간호업무 및 비전투 행정분야에서 탈피, 전 분
야를 개방하여 남군과 차별 없이 동등하게 보직하여 활용하고 특히,
육·해·공군의 비리우려가 있거나 여성의 특성에 부합되는 직위를
우선적으로 확대하고, 과거 여군 장교에게는 불모지였던 법무, 군의,
치의 장교를 적극적으로 획득하여 군 사법기관과 군 병원에서 활용
한다.

우리나라의 여군규모는 2.7% 수준이나 외국의 경우 미국 14.8%,
캐나다 11%, 프랑스 8.5%, 영국 8.1% 등으로 우리나라의 3배 이상에
달한다.

미국은 남녀구분 없이 가장 적합한 인력을 보직시킴으로써 높은
수준의 전투력을 보유한 것으로 알려지고 있고, 네덜란드, 영국, 캐나
다, 스웨덴, 북한 등도 여군인력 확대와 활용에 있어 수년 전부터 적
극적인 정책을 도입해 왔다.

우리나라의 여군은 체력이 남군에 비해 85%를 초과하기 어렵다는
사실에도 불구하고 여군은 높은 경쟁률을 뚫고 '직업' 으로 군을 택하
고 있으며, 남성에 비해 특정분야에서 뛰어난 것으로 평가를 받고 있
다. 여군진출에 높은 경쟁력을 보이는 것은 군인에게 주어지는 메리

트 때문이다.

헌법재판소의 군가산점 폐지 결정이 나왔을 때 국방의무를 수행중이거나 전역한 남성들의 반발도 거셌지만 여군들도 상대적 메리트 감소를 우려하여 항의한 것도 같은 맥락에서다.

군의 문호개방으로 여군이 늘어감에 따라 국군창설 53년만에 처음으로 여성장군이 탄생하기도 했다. 바로 간호병과인 양승숙 준장이었다. 조금 늦은 감이 없지 않았으나 별을 따기 위한 여성계 관심은 대단했다. 당시 보병 출신인 여성장군 후보감으로 2명이 대기하고 있었다. 엄옥순 육군본부 교육사령부 연구관과 민경자 육군본부 여군담당관이다. 두 사람은 모두 여군 24기로 1976년 임관된 동기생이다.

보병출신은 아직 장군을 배출하지 못하고 간호병과에서 2004년 이재순 장군, 2005년 윤종필 장군이 양승숙 장군의 뒤를 이어 별을 달았다.

세계 최초의 여성장군은 1972년 미국에서 배출되었다. 북한도 여군규모에 있어 2만여 명이며 여군 고사포부대를 보유하고 있고 오래 전에 여성장군이 나왔다.

시대가 변함에 따라 전통적으로 우리사회에 남성성의 보급로였던 군대도 급격히 바뀌고 있다.

양성형 인재들인 신세대들이 군입대하면서 경직된 조직문화의 충격으로 자살이 늘어나고 사고가 잦아지자 병영문화와 환경을 개선하고 있다. 컴퓨터를 이용할 수 있게 하거나 점호를 개선하고 1인침대나 휴게실이 설치되고 인격적 모독을 주는 구타는 금지하도록 하고 있다.

신세대의 증가와 함께 여군의 증가도 병영문화와 환경이 개선되지 않으면 안되는 주요원인이다. 남군과는 달리 여군은 공동구역과 개인구역이 구분되어야 하기 때문이다. 함정승선이 이루어지면서 많은 돈을 들여 여군 편의시설을 만드는 것도 그 때문이다.

앞으로 여군의 군복무가 확대될 것으로 보여 기존의 남성적인 조직문화는 여성적 문화와 합해져 새로운 형태의 조직문화로 거듭 태어날 것이다.

여성 NGO가 권력의
핵으로 떠오르고 있다

"다음 세기에는 NGO(비정부기구)들이 정부기구와 대등한 위치에서 사회발전을 위해 노력하는 동반자가 될 것이라는 사실을 이번 대회를 통해 구체적으로 확인하는 자리였다."

이 말은 몇 년전 '서울 NGO세계대회'에 참가한 인도 대표의 평가다. 우리나라뿐만 아니라 세계의 NGO의 힘은 대단하다. NGO들은 국가와 국가간의 벽을 허물거나 이념과 사상을 뛰어넘어 정부가 할 수 없었던 일은 물론, 정부의 손이 미치지 않는 곳까지 찾아가는 큰 세력집단으로 자리 잡고 있다.

NGO는 곳곳에서 시위를 벌이기도 하고, 땅에서 바다에서 지키고 감시하는 파수꾼으로 활약하기도 하며, 따스한 손길로 소외된 우리

이웃의 아픔을 어루만져 주기도 한다.

원래 NGO는 'Non Government Organization'의 약자이다. 그런데 이제는 'Next Government Organization'으로 통할 만큼 출중한 인물과 영향력을 행사하고 있다. 그래서 NGO에서 활약하던 멤버가 능력을 인정받아 정치가나 정부의 핵심자리를 맡기도 하고, 다음 정부를 넘보는 집단으로 높이 평가하기도 한다.

NGO들은 또 자기나라에 머물지 않고 국가를 뛰어넘어 세계적인 비공식 기관으로 발돋움하고 있다.

세계최대의 인권운동단체인 국제앰네스티가 과거 사우디아라비아의 여성차별을 개선하기 위해 전 세계적인 캠페인을 벌이고 있는 것은 좋은 예다. 사우디아라비아는 남자친척의 서면허가증없이 사우디를 떠날 수 없고, 남자친척의 동의 없이 여행할 수 없으며, 직업과 교육이 제한된다. 또 작업장에서 남성과 함께 일하지 못하고 공공장소에서 낯선 남자와 함께 있지 못한다.

캐나다의 NGO인 '퀘백여성연합'은 스페인, 영국, 미국 등 여성단체들이 동참한 가운데 여성의 노동이 정당하게 인정되는 시대를 만들기 위해서 2000년 3월 8일을 기해 하루 동안 전 지구적으로 파업하기도 했다. 그들은 여성들이 사회적·경제적으로 엄청난 공헌을 하고 있음에도 노동은 정당하게 인정받지도 못하고 임금도 제대로 못 받는다는 것이다.

우리나라의 경우 여성단체 NGO들의 목소리가 나날이 커지고 있다. 여성단체들은 기존에 이룬 틀을 바탕으로 전 분야를 대상으로 세

밀한 부분까지 이들이 연대하여 동시다발적으로 파고들고 있다.

정부가 국가정책을 추진하려면 NGO의 눈치를 보아야 하며, 정부의 각종위원회에 NGO 관계자를 위원으로 위촉하여 협조를 구하거나 토의를 하기도 한다.

여성의 정치세력화를 표방하는 '여성정치세력민주연대' 가 제16대 국회의원 선거전에 출범하였는데, 이 단체는 여성정치지도자를 발굴 육성하고 기존 여야정당에 30% 공천을 요구하는 등 노골적으로 여성의 정치세력화를 목적으로 하였다.

NGO의 중요성이 날로 커짐에 따라 경남대의 NGO 협동과정과 경희대 NGO 대학원, 성공회대 시민복지 대학원 등 전문적으로 교육하는 학과도 생겨나고 있다.

대학의 정규 학과목으로 개설될만큼 지금 대한민국의 여성NGO들은 '제5의 권력' 으로 급부상 하고 있는 것이다.

남성에게 있어서 여성성은
사막의 오아시스다

소외된 계층 중에서 비교적 목소리를 제대로 내고 있는 계층이라면 여성들임에 틀림없다. 인구의 절반에 해당하는 유권자, 각종 여성단체들, 그리고 사회 각 부문에 진출한 여성들은 쉴 새 없이 권력을 쥔 남성들의 몸과 마음을 괴롭히고(?) 수고스럽게 한다.

앞으로는 여성을 외면해서는 남성도 여성도 성공하기 어렵다. 싫든 좋든 여성을 배려하고 여성정책에 대해서는 한 번 더 쳐다보며 생각해야 하고, 차별적 법령과 제도를 손질하고 무의식중에 솟아나는 차별적 언행은 몸 안에서 삭혀야 한다.

여성계가 싫어하는 인물도 장수할 수 없다. 어느 나라 대통령이나 총리도 여성문제에 대해서는 조심스럽거나 각별하고, 때로는 관심이

지나칠 정도다.

거의 2년마다 한 번의 선거를 치르는 우리나라의 선거구조상 선거공약을 시도 때도 없이 쏟아 내면서 마음을 잡지 못한 여심을 두드린다. 물론 공약이 많다 보니 전부 지켜지리라고 기대하지는 않지만….

정치인의 공약은 선거 때마다 최대 변수로 떠오르고 있는 여심표를 얻기 위해서다. 경쟁 후보보다 더 많은 여성공약을 내기 위해 안간힘이다.

가까운 일본의 경우도 여심을 잡기 위해 여성유권자를 의식한 공약과 정책을 많이 발표하고 있고, 최근 들어서는 인구의 감소와 노령인구가 증가함에 따라 출산정책과 노령자 복지정책을 쏟아내고 있다. 이 역시 날로 유권자 비중이 더해가는 여성과 고령자들의 표를 얻기 위해서다.

한때 '부드러운'으로 시작되는 말이 유행했다. '부드러운 남자', '부드러운 여자', '부드러운 술' 등. 정치인들도, 처녀 총각들도, 학생들도, 나이 지긋한 어르신들도 모두 자신을 '부드러운 사람'이라고 표현하기를 주저하지 않았다.

직장 상사도 딱딱함보다는 유머가 넘치는 사람을 좋아한다. 또 여성들은 결혼상대로 유머가 있는 남성을 선호한다.

미국 대통령선거에 있어 민주당 후보의 고어나 공화당 후보의 부시나 모두 딱딱하고 지루한 이미지를 벗기 위해 안간힘을 쏟았다.

그렇다면 왜 남들이 자신을 부드럽다고 인정해 주기를 원할까? 우선 시대적 흐름이 사람의 평가기준을 변하게 하기 때문이다.

전쟁시대에는 강한 것과 약한 것이 명확히 구분되었으나 평화공존의 시대는 힘보다는 여성성과 남성성이 균형적으로 조화를 이루는 품성을 가진 사람을 요구한다.

이것은 남성이든 여성이든 성공하기 위한 조건이 변해가고 있음을 말해 주며, 앞으로 지도자가 되려는 사람은 자질과 덕목이 어떻게 바뀌어야 하는가를 보여준다.

우리 사회는 남성은 점점 여성화 되어가고 있고 여성은 점점 남성화되어 가고 있다. 특히 여성들은 자신들의 정체성을 지키려 하면서도 점점 남성에 대해 도전적이고 직접적으로 정신성을 변화시키려고 하고 있다.

또한 남성은 '강인한 힘' 이나 '전통적인 가부장적 권위' 보다는 '부드러운 힘' 을 갖추어야 훌륭한 사람으로 인정받을 수 있다.

결국 미래의 훌륭한 지도자는 남성적 가치와 여성적 가치 사이에서 최상의 균형을 이루는 사람의 성공의 가치를 먼저 잡을 수 있다.

총 없는 여자가
총 쏘는 남자를 구한다

과거에는 전쟁이 나면 남성이 전쟁의 승패를 결정지었으나 오늘날 분쟁지역에서는 그 양상이 바뀌고 있다.

역사를 되돌아볼 때 여성들은 부상병들의 치료와 같은 간접적인 역할에만 국한되어 왔으며, 공식적인 협상이나 정책기획과정에서는 배제되어 왔다.

그러나 이젠 다르다. 분쟁해결을 위해 여성의 역할이 중요해짐에 따라 분쟁지역에서 수동적으로 희생만 당하는 것이 아니라 적극적으로 전쟁을 피하려는 협상무대에 나서고 있다.

1999년 코소보전쟁에서 수천 명의 세르비아계 여성들이 거리로 뛰쳐나와 남편과 아들들이 군대에서 돌아올 것을 요구했고, 유고슬라비아의 밀로셰비치 대통령은 시위가 있은 며칠 후에 전쟁을 포기했다고 전해진다.

이스라엘군의 레바논 철수도 레바논에 파병된 이스라엘 병사들의 어머니들이 이스라엘 의회의 모든 의원들을 일일이 만나 로비활동을 펼친 결과 철군결정을 얻어낸 것이다.

1960년대 핵실험금지협약을 이끌어 내는 데 결정적인 역할을 한 것도 '평화를 위한 여성파업(Women Strike for Peace)'이라는 여성 평화단체였으며, 북아일랜드 공화국을 통합하려는 천주교와 영국정부에 대항해서 왕국을 지키고자 하는 아일랜드공화국과 개신교도들 사이의 오랜 대립에 대해 북아일랜드 여성들은 1996년 개신교와 천주교가 협력한 최초의 정치정당인 북아일랜드 여성연대를 만들고 평화협상테이블에 의석을 할당받아 협상을 활성화시키는 데 주요한 역할을 한 예도 있다.

네덜란드는 중동지역의 평화협상과정에 여성의 참여를 늘리려 하고 있고 아프리카에서는 평화를 위한 영부인 모임을 만들어 평화와 인권에 대한 회의를 개최한다. 벨기에는 유니세프와 연합하여 여성중재자를 분쟁상황에 활용하는 프로젝트를 추진 중이다.

남아프리카에서는 1945년부터 1991년까지 약 1천만 명 정도의 사람들이 폭력적이고 차별적인 인종정책을 반대하다가 투옥되었는데 이 과정에서 여성들은 정치투쟁에 깊이 관여해 왔다. 가정주부들이 반인종 차별투쟁을 지지하는 자유연대를 조직하고 1994년 선거 때는 사회적·인종적·정치적 노선을 초월한 강력한 국가여성연대를 만들어냈으며, 민중들을 조직하여 민주적인 정부를 탄생시키는 데 크게 기여하기도 했다.

분단국가인 우리나라 여성들도 가만히 있지 않는다.

1991년 미국과 유엔의 다국적군에 의한 대이라크 전쟁이 발발하자 각계 여성단체들은 반생명적·반평화적 전쟁은 정당화될 수 없다는 입장을 천명하고 전쟁중지를 호소하는 한편 '걸프전쟁과 한국군 파병을 반대하는 어머니 모임'을 결성하여 토론회 개최, 어머니 편지보내기, 전단배포 등을 통해 평화활동을 전개하였다.

'평화를 만드는 여성회'에서는 긴장된 남북관계의 틈새를 파고들어 평화와 통일 만들기에 많은 노력을 해오고 있다. 북한의 조선여성동맹과 손잡고 북한 여성을 서울로 초청하기도 하고 평양에 가서 모임을 가지기도 하였다. 또 굶주린 북한 여성을 돕기 위해 물품을 제공하는 한편, 국제평화단체와 연대하여 통일관련 연구작업도 틈틈이 진행하고 있다.

최근에는 인터넷으로 무장한 여성들이 사이버공간을 통해 전 세계와 연대하여 여성평화운동을 하고 있다.

그 동안에는 주요한 정보를 남성들이 독점하고 있었으나 빠른 정보교류와 네트워크 형성은 인터넷으로 세계 각 나라와 단체를 묶고 또 다른 평화단체를 만들어내 무서운 메카로 떠오르고 있다.

분쟁지역이나 전쟁지역에 여성들이 당당하게 나서는 것은 여성들은 정치적인 계산이나 정치권과 무관하며 위협적이지도 않기 때문이다. 오히려 쉽게 타협점을 이끌어낼 수 있다는 것이 무엇보다 장점으로 부각되어 큰 성과를 발휘하고 있는 것이다.

19세기 영국시인 알프레드 테니슨은 '남자는 칼, 여자는 바늘' 이라고 비유했다. 칼이 분리와 대립의 상징이라면 바늘은 융합과 창조의 상징이다. 남자들이 칼로 나무를 베고 전쟁을 할 때 여성들은 바늘을 가지고 찢어지고 헤진 곳을 깁고 합쳐 다시 생명력과 평화를 불어넣었던 것이다.

도시에서도 양성공존의
바람은 쉬지 않는다

"**혼자 살면 어때요.** 전혀 불편함을 못 느껴요."
나 홀로 남성 또는 여성 가족들의 당당한 외침이다.

이제 핵가족을 넘어서, 나 홀로 가족이 늘고 있다는 최근의 발표는 우리 사회가 선진국에서 보편적으로 나타나는 문화를 닮아가고 있음을 알 수 있다.

그동안 차별 받았던 여성들의 경우도 마찬가지다. 여성 전용으로 당연시했던 가사·육아·자녀교육 등이 이제 남성도 함께 하는 평등 문화로 점차 바뀌어 가고 있다. 다시 말해 여자가 편해야 가족 모두가 편하다는 인식이 확산되고 있는 것이다.

도시 운영도 마찬가지일 것이다. 도시를 구상할 때 여성과 아동,

노인들을 고려해서 설계한다면 그 수혜는 남성에게도 돌아온다. 예컨대, 최근에 많은 논란이 있었던 화장실 변기 수를 사용 시간에 비례해서 만들었다면, 여성화장실앞에 발을 동동 구르며 자신의 차례가 오기만을 기다리는 모습들을 목격할 일도 없었을 것이다.

소위 여성지위 선진국이라는 몇몇 나라는 인간의 보편적인 기본권인 양성 평등을 실현하기 위해 남성과 여성이 살기좋은 도시를 만들고 있다.

여자들이 가장 살기 좋은 도시는 남자들도 살기 좋은 도시임이 분명하다. 미국 뉴욕에서 발행되는 여성 잡지〈레이디스 홈 저널〉에 1998년부터 매년 미국에서 가장 살기 좋은 도시를 선정하고 있다.

범죄율, 생활 스타일, 교육 시설, 직장, 건강, 정부 참여 등을 기준으로 해서, 2000년에는 알렌산드리아(버지니아), 앤 아버(미시간), 벌링턴(버몬트), 어바인(캘리포니아), 매디슨(위스콘신)이 상위 5대 도시로 선정되었다. 반면 최하위 10대 도시에는 뉴욕, 샌프란시스코, 클리블랜드, 로스앤젤레스, 산호세, 시카고 등 비교적 큰 도시들이 포함되어 있다.

예를 들어 어바인(캘리포니아)시의 경우를 보자. 처음부터 여성들이 살기 좋도록 특별한 목표나 부대 정책을 추진하였던 것은 아니다. 특별한 법령이나, 기구 없이 어바인 컴퍼니가 재단을 마련하여 기부한 돈으로 여성 단체들이 중심이 되어 추진하였다.

"능력 있고 일하기 원하는 여성, 아이를 안전하게 제대로 키우고 싶은 여성들의 희망을 배척하지 않는다."라는 원칙을 내세우며, 남녀가 평등하며 인종차별 없이 살 수 있는 도시, 가족 친화적인 도시를 목표로 하였다. 결국 인간이 살기 좋은 도시를 만들다 보니까 결과적으로 사회적 약자인 여성과 노인, 어린이들이 살기 좋은 도시로 가꾸어진 것이다.

일본의 경우 1994년에 여성과 남성이 모든 부문에서 대등하게 참여하여 서로 그 인권을 존중하고 기쁨과 책임도 서로 나누면서, 성별에 구애받지 않고 개성과 능력을 충분히 발휘할 수 있도록 남녀공동참여 사회를 실현하고 21세기 일본 사회를 풍요롭고 활력 있는 사회로 만드는 일을 최우선의 중요 과제로 정하였다. 그 결과 '남녀공동참획선언도시' 는 사카이시(오사카부), 스기나무구(동경도), 오오스카죠(시즈오까현)를 포함해서 현재 37개 자치단체에서 선언하였다.

지역 여성들은 남성과 비슷한 비율로 자치행정에 참여하거나, 불평등한 관행과 행동들이 발생하지 않도록 양성 평등 마인드를 확산하고 있다.

여성 지위 수준이 낮다는 우리나라의 경우 평등 문화를 확산하기 위해서는 일정한 기준에 달한 자치단체에 대해 '양성평등도시' 를 선언케 하여 경쟁을 유발시킬 필요성이 커졌다.

'양성평등도시' 를 선정하는 기준은 위에서 말한 남녀 화장실 비율을 포함한 가족친화적인 도시설계 도입, 보육시설이나 요보호 여성시설 설치, 정책 결정 과정에 일정 비율의 여성 참여, 평등부부 문화 발굴, 평등상 제정, 가족공원 조성이나 가족행사 개최 같은 것이다.

우리나라에서도 일부도시에서 남성들에게 '주부 체험의 날' 을 선포(?)하여 하루 동안 부인을 쉬게 하고 남편이 자녀와 함께 장보기, 집안 청소, 세탁, 육아를 맡는 행사를 개최하는 것을 보았는 데 이것도 한 예일 것이다. 가정에서부터 평등이 실현되어야만 진정한 양성 평등 사회를 이룰 수 있기 때문이다.

'양성평등선언도시'는 국가 경쟁력 척도의 하나인 여성 인적 자원의 활용에 힘을 보탤 것이다.

일산의 지방의회 후보가 자신의 공약 내용을 만화로 그려 공식선거홍보물로 제작한 것을 본 적이 있다. 둘째 아이의 유모차에 첫째도 탈수 있도록 제작한 것이다. 둘 이상 자녀를 둔 부모들은 쇼핑이나 야외에 나갔을 때 첫째 애가 쉽게 피로하여 업히려 하거나 유모차에 타려고 보채며 울 때 매우 곤란을 겪는데 보행기 위에 서 있도록 발판을 만들어 함께 타는 것이다. 두 번째는 횡단보도이다. 초등학교 앞의 횡단보도의 경우 갑자기 횡단보도로 뛰어나가지 못하도록 경계물을 하나 더 엇갈리게 설치하여 안전이 실질적으로 보장되도록 한다.

인간은 누구나 정도의 차이는 있지만 남성적 가치와 여성적 가치를 함께 가지고 있다. 즉 완전한 남성성만을 가진 남성이 없듯이 완전한 여성성만을 가진 여성이 없다는 뜻이다. 그러나 대부분 남성들은 '남성답게' 여성은 '여성답게' 학습되어 왔기 때문에 한쪽 성을 특화하여 사용해 왔다. 이는 주변 환경이 얼마나 중요한지 말해 주는 것이다. 여성과 남성이 평등하게 살아갈 수 있는 환경이 진정한 양성평등 시대를 여는 데 큰 몫을 할 것이다.

남성·여성 쌍방통행의
시대로 바뀌고 있다

지금은 가히 '여성의 시대' 라고 말할 정도로 높은 여성 파워의 시대다.

여성들이 남성들과 당당히 실력을 겨루어 여성이 상사가 되는 사례가 많아지고 있고, 남성 위주로 되어 있던 법과 제도를 남녀 동등하게 하거나 한발 더 나아가 여성중심으로 바꾸어 놓고 있다. 또 여성운동가들은 정치와 사회 곳곳에서 바람을 일으키며 커다란 물결로 사회와 문화를 바꿔놓고 있어 가히 여성의 지위향상과 권익증진은 나날이 업데이트 되고 있다.

불과 반세기 전까지만 해도 세계는 오랫동안 힘의 논리에 의해 좌우되었다. 정복 윤리에 의해 평정되고, 경쟁의 원리에 따라 승자와 패자가 분명히 가려졌다.

역사는 갈등과 투쟁, 그리고 전쟁으로 이어져 강자와 약자로 승패를 갈랐다. 강대국과 약소국의 관계는 마치 먹이사슬처럼 지배와 피지배 혹은 억압으로 나타났다.

문명이 발달하지 못했을 때 인류는 자연을 두려워하고 숭배했다. 과학기술의 발전은 인간이 자연을 정복하고 통제해 더 살기 좋은 세상을 만드는 것 같지만 결국 인간의 무분별한 자연 파괴의 대가로 자연재앙은 물론 인류의 건강과 생존까지도 위협받게 되었다.

역사를 주도한 남성들은 상대적으로 기회가 많이 주어진 반면 여성들은 기회가 주어지지 않았고 그로 인해 여성들이 가지고 있는 많은 능력들은 빛을 보지 못했다.

소위 '절반의 성공'은 남성과 여성을 이분화시켜 여성은 역사의 핵심에 서지 못하고 주변인으로 물러앉아야 했으며, 결국 균형 잡힌 사회로 성숙되지 못한 결과를 초래했다.

그렇다면 앞으로는 어떨까? 결론적으로 힘의 논리에 의한 지배는 어렵게 됐다.

미국이나 강대국들이 동질성 가치의 강조에 의해 획일적으로 지배한 데 반해 21세기는 각 나라들의 고유한 문화와 전통을 존중하고 가치를 인정하는 문화적 다원주의 시대가 오리라고 전망된다.

특히 정보화 사회란 3F 즉, 가상(Fiction), 감정(Feeling), 여성(Female)이 중요해지는 사회이고, 소위 여성적 가치라고 불러 온 감성, 섬세함, 유연성이 요구되는 사회로 여성들의 활동이 기대되고 있다.

여성의 강점인 뛰어난 언어감각과 타인의 마음을 읽고 이해하는 능력, 사람과 사람간의 관계를 중시하는 인간중심적인 품성 등이 수평적 네트워크가 필요한 오늘날의 지식정보화 사회 흐름에 적합하기 때문이다.

미래학자들도 과거의 세기가 남성적인 경쟁과 합리성, 힘의 논리에 의해 지배되었다면 앞으로는 연대와 결속, 관용이라는 공동체적 원리가 요구되는데 바로 이것은 여성적 가치로 21세기를 여성의 시대라고 외치는 이유라고 말한다.

08

퓨전은 양성성의 등장을
알려주는 그림자다

퓨전(Fusion)이란 라틴어 'fuse(섞다)'에서 온 말로 영어식으로 명사화된 단어이다.

퓨전의 사전적 의미는 융합, 연합, 제휴 등을 뜻하는 것으로 두 가지 이상의 요소가 만나 새로운 조화를 이루어 내는 것을 말한다. 퓨전 문화란 서로 다른 장르의 요소들이 만나 새로운 것을 창조해 내는 것으로 호기심과 상상력이 만들어 낸 것이라 할 수 있다.

전문가들은 20세기가 분열과 대립의 문화였다면 21세기는 상호조화를 모색하는 시대라고 이야기한다. 그 예로 퓨전현상이 문화와 과학기술을 주도하게 될 키워드가 될 것이라고 한다.

이미 퓨전은 우리 실생활에 깊숙이 파고들었다. 음악이나 요리, 패션 등에서 퓨전을 빼놓고는 이야기를 할 수 없을 정도이다.

퓨전요리는 외국 음식에 대한 이해와 고객들의 관심이 만나 창의적인 요리사들에 의해 창조되었다. 다양한 국가의 문화가 녹아 있는 퓨전요리는 현세대와 차세대의 입맛을 사로잡을 것이라 한다.

패션에서도 퓨전은 매력적인 것으로 다가와 캐주얼과 로맨틱, 세미포멀과 스포츠, 복고와 밀레니엄식 스타일의 혼합을 가져왔다. 또한 오래전부터 동서양 요소가 어우러진 패션 경향을 보이고 있으며, 특히 서양에서는 젠(ZEN)이라는 동양의 신 개념을 도입해 패션에 응용하고 있다. 젠이란 여백의 미를 자연스러운 아름다움으로 하는 동양의 예술 원리를 표현한 것이다.

"이젠 돈이 전부가 아니다."

자본주의 사회의 전형이라 할 수 있는 미국 사회에서 돈은 모든 것을 평가하는 잣대로 자리 잡고 있지만 미국의 〈스터프〉지가 여론 조사한 것을 보면 미 여성의 상당수가 남자의 직업이 무엇인가를 고려할 때 '돈이 전부가 아니다' 라는 답변을 해 남성들을 놀라게 했다. 여성들의 답변 1위는 그 사람이 직업을 얼마나 소중하게 여기며 즐기느냐의 여부라고 하였다. 성취를 근간으로 하는 남성성이 조화를 중요시하는 여성성에 벅찬 도전을 받고 있는 셈이다. 돈도 중요하지만 행복과 여가가 중요해졌기 때문이며, 이 또한 퓨전문화의 영향이라 볼 수 있을 것이다.

가족의 수가 줄고 핵가족이 늘어나면서 여성의 전통적인 역할인 가사노동에서 중요한 변화를 맞고 있다. 바로 '즐기려는 삶' 이 늘어나고 있는 것이다. 그래서 밥하고 설거지하는 가사노동에서 외부화가 촉진되고 있다.

그것은 여성들의 사회 활동이 늘어나는 것과도 관계가 깊지만 식습관의 변화로 웬만하면 먹을 것을 외부에서 조달해서 먹기 때문이다. 문명도 즐기는 쪽으로 발전한다.

세탁이 필요 없는 옷이 등장할 것이라는 보도가 그렇다. 생물 과학자들이 먼지와 땀을 먹어 치우는 박테리아를 투입한 천을 이용해 자동 세탁이 가능한 옷을 개발한다는 프로젝트다. 나아가 이성을 유혹하는 성호르몬인 페로몬까지도 옷 속에서 분비해 내는 박테리아를 유전 공학으로 생산할 계획이다.

퓨전문화가 발달할수록 여성과 남성은 서로의 영역을 구분 짓는 일을 더 이상 하지 않을지도 모른다. 퓨전이 연합이고 받아들임을 의미하듯 여성과 남성은 서로를 받아들이는 양성성을 추구해야 할 것이다. 그것을 성의 퓨전화라고 이름 붙여도 무방하리라.

지리적 거리는 멀지만 인터넷이나 미디어의 발달로 세계는 지구촌이라는 말로 가까워졌다. 그래서 모든 문화도 순식간에 전파되어 세계화 물결 속에 휩싸여 있다. 그런 이유로 문화의 퓨전화가 이루어지고 그것은 이제 우리 일상처럼 당연한 일로 받아들여지고 있다. 앞으로 우리 시대의 퓨전은 일시적 유행이 아니라 사회의 '양성성'을 드러내주는 척도로 다양한 시너지 효과 창출을 기대할 수 있을 것이다.

09

남성들도 여성스타일의 CEO를 더 잘 따른다

성의 정체성, 남성은 왜 이래야 하고 여성은 왜 저래야만 할까? 일반적으로 여성에 대한 기대나 남성에 대한 기대를 성역할 고정관념(sex role stereotype)이라 한다. 남학생은 씩씩하게 자라나야 하고 여학생은 얌전하게 자라길 바란다.

그래서 여성다움은 수동적, 양보심, 수줍음, 친화력, 복종, 이해력, 온순함, 세심함, 명랑함, 귀여움 등으로 이해된다. 남성다움은 여성다움과 반대로 적극성, 자신감, 의지력, 도전성, 독립성, 모험성, 공격성, 야망, 경쟁, 치밀함 등으로 표현한다.

이를 성성(性性, sexuality)이라 한다. 즉 인간은 자기의 성별에 따라서 타인들이 기대하는 성역할에 따라 행동하게 된다. 사회적 성별에 대한 기대와 특성이 역사적, 문화적으로 결정되는 것을 말한다. 물론 성성(性性)은 부분적으로는 생물학적 요인으로 결정된다. 남자와 여자의 유전자와 호르몬의 차이가 있기 때문이다.

그렇지만 일반적으로 사춘기 이전까지는 양성성을 지니는 것을 보았을 때 사회문화적 성역할 고정관념에 따라서 자녀가 양육되고 학교교육이 실시된 것이라 할 수 있다. 더욱이 모임 단위가 또래중심이어서 일정한 성성(性性)으로 형성된 것이다.

그동안 사냥이나 전쟁 같은 것은 남성의 영역이고 아이를 기르고 살림을 하는 것은 여성의 영역이라 구분 지어 왔다. 하지만 전쟁에서 여성을 배제할 수 없는 현대 사회에서 위와 같은 영역 구분은 점점 모호해지고 있다.

지난번 미국과 이라크 전쟁에서도 여성들은 싸움의 한가운데 있었으며 실제로 미 여군이 포로가 되어 텔레비전 화면에 비치기도 하였다. 더욱이 최신 무기나 원자폭탄 앞에서 남성이냐 여성이냐 하는 성의 구분은 아무 의미가 없다.

여성의 몫으로만 남겨졌던 자녀 양육도 이제는 새로운 부성의 출현으로 그 경계가 사라졌다. 남성들은 부모가 되는 의미를 깨닫고 '양육하는 자아'와 자신 안에 내재되어 있었는지도 몰랐던 여성성을 깨닫기 시작했다.

아이를 양육하면서 남성들은 자신 안의 모성 본성에 동화되고 심리적으로 양성성을 강하게 드러낸다. 이런 모든 것을 종합해 볼 때 남성과 여성은 유사성이 많다는 점을 알 수 있다. 다만 사회적으로 나눈 성역할에 집착해 그런 유사성을 발견해 내기 힘들었을 뿐이었다.

지금까지의 남성지배 사회와는 달리 지식정보화 시대, 즉 컴퓨터 한 대로 모든 것이 해결되는 사회가 되면서 물리적 힘 대신 지적 힘이 중시되고 있다.

남성들의 추진력, 힘, 인맥 등이 성공의 열쇠지만, 이제는 개인의 능력이 우선되는 시대가 되었다. 학벌이 없더라도 능력이 뛰어난 사람이 대접받는 사회이다. 여기에 섬세함과 차분함, 깊은 사려 같은 여성성이 있다면 성공의 강점으로 작용할 것이다.

많은 연구에서 남성성과 여성성을 고루 갖춘 경우는 성역할 고정관념에 빠지는 사람보다 융통성, 적응력, 자존감, 자아실현, 성취동기, 결혼 만족도가 높다. 또 양성의 특징을 고루 갖추고 있는 사람은 정신적인 면에서도 더 건강하고 사회적 적응력도 뛰어나다.

베스트셀러 〈이미지 메이킹〉 저자로 알려진 CEO인터내셔널 김은영 사장이 모 신문과의 인터뷰에서 "미국도 오랫동안 남성위주 기업 문화였기 때문에 여성이 최고 경영진에 오르려면 남성들이 중시하는 자질, 즉 공격성·경쟁성·업무 중시형 등을 갖춰야 한다는 의견이 지배적이었다.

그러나 앞으로 여성들의 최고경영진 진출 증가와 함께 여성적 자질을 부각시켜 성공해야 한다는 목소리가 늘고 있다."라고 말했다.

즉 여성들은 남의 말에 귀 기울일 줄 알고, 인간관계를 중시하며 남을 배려할 줄 안다.

또한 경쟁보다는 협동, 개인보다는 팀을 강조하는 면에서 대부분의 남성보다 우위에 있다고 볼 수 있다. 자신의 생각을 제대로 전달하고 이해시키는 협상 능력 또한 여성의 강점이다. 그러므로 남성성의 장점과 여성성의 장점을 고루 갖춘다면 그 파급효과는 무한할 것이다.

그러나 여성가족부에서 실시한 한 조사에서 상당수의 기업 인사담당자들이 '남성은 업무적응도가 빠른 반면 여성은 급작스럽게 회사를 그만둘 우려가 있다.'고 생각해 여성보다는 남성을 우선 채용하여 고용에 있어 남녀차별 관행이 여전히 존재함을 밝혔다.

기업은 경쟁력과 생존을 으뜸으로 하기 때문에 경쟁력 있는 일꾼을 우선할 것이다. 그러나 어떤 편견을 가지고 혹은 막연한 관행에 의해 한쪽 성이 차별을 받을 때는 이야기가 달라진다.

예를 들어 대형 호텔측이 승진인사에서 성비에 차이를 두고 여직원보다 남직원에게 더 높은 비율을 적용해 '캡틴'으로 승진시킨 것은 남녀차별이라고 결정한 사례가 있다.

이와 같이 특정성(性)을 승진에서 배제하고자 하는 경우는 없어져야겠다.

여성들도 여성의 취업률이 몇 퍼센트밖에 안 된다느니, 여교수 비율이 낮다느니 식의 기준을 제시하며 정부에 시정만 요구하지 말고 선진국처럼 기업가적인 마인드를 가질 수 있도록 노력해야겠다.

여성의 경제활동 참여확대가 남성의 경제활동 영역을 침해하는 것으로 인식되어서는 곤란하다.

여성의 경제 참여확대는 결국 생산성 증대로 이어져 남성과 여성 모두의 몫을 동시에 늘려 국가경제의 전체적인 파이를 키우는 윈윈게임이 되도록 해준다.

국가적 차원에서도 경쟁력을 한 단계 더 높일 수 있도록 양성이 더불어 하는 새로운 제도와 시스템의 변화를 만들어가야 한다.